高校生から始める

Jw_cad
建築プレゼン入門

Jw_cad8 対応版

付録CD-ROM 使用上のご注意

本書の付録 CD-ROM をご使用になる前には、以下を必ずお読みください。

● 個人の責任においてご使用ください

付録 CD-ROM には、Jw_cad をはじめとして、本書で説明している各種ソフトウェア（プログラム）のインストール用ファイルおよび関連データなどを収録しています。これらのファイルおよび関連データの使用方法などは、それぞれの該当ページを参照してください。なお、これらのファイルおよび関連データを使用したことによるいかなる損害についても、当社ならびに著作権者・データの提供者は一切の責任を負いかねます。個人の責任において使用してください。また、Jw_cad のサポートは当社ならびに著作権者・データの提供者は一切行っておりません。したがって、ご利用は個人の責任の範囲で行ってください。

● 操作方法に関する質問は受け付けておりません

使用するコンピュータのハードウェア・ソフトウェアの環境によっては、動作環境を満たしていても動作しない、またはインストールできない場合がございます。当社ならびに著作権者・データの提供者は、インストールや動作の不具合などのご質問は受け付けておりません。なお、本書の内容に関する質問にかぎり、p.108 の本書専用の FAX 質問シートにてお受けいたします（詳細は p.108 をご覧ください）。

● 開封後は返本・返金には応じられません

付録 CD-ROM のパッケージを開封後は、付録 CD-ROM に収録されているデータの不具合などの理由による返本・返金はいたしません。ただし、本の乱丁・落丁の場合はこの限りではありません。また、本書の購入時においての、あきらかな付録 CD-ROM の物理的破損によるデータの読み取り不良は、付録 CD-ROM を交換いたします。詳しくは本書の巻末をご覧ください。

著作権・商標について

● 付録 CD-ROM に収録されたデータは、すべて著作権上の保護を受けています。付録 CD-ROM は、本書をご購入いただいた方が、同時に 1 台のコンピュータ上でご使用ください。ネットワークなどを通して複数人により使用することはできません。

● 付録 CD-ROM に収録されているデータは、本書に定められた目的以外での使用・複製・変更・譲渡・貸与することを禁じます。

● Windows は、米国 Microsoft Corporation の米国および他の国における登録商標です。また、本書に掲載された製品名、会社名などは、一般に各社の商標または登録商標です。

Jw_cad の収録および操作画面の掲載について

● Jw_cad の付録 CD-ROM への収録および操作画面などの本書への掲載につきましては、Jw_cad の著作権者である清水治郎氏と田中善文氏の許諾をいただいております。

カバーデザイン：会津 勝久
編集制作：本間 敦＋鈴木 健二（中央編集舎）
Special Thanks：清水治郎＋田中善文
印刷所：シナノ書籍印刷

はじめに

　2011年に本書を出版してから早8年近くが経過しました。その間、多くの方々にご愛読していただくことができました。しかし、約8年の間に、本書で採り上げているJw_cad（Windowsパソコン用の2次元CAD。フリーウェア）はバージョンが7.04aから8.03aに、3Dモデル作成ソフトのSketchUpもバージョン8から2019に更新され、使い勝手などもかなり変わっています。そこで、このたびJw_cadのバージョン8.03aを付録CD-ROMに収録し、各ソフトの解説や画面画像も一新し再出版することにしました。

　工業高校建築科の教師として、長年にわたり授業や建築研究部（部活動）で大学や専門学校などが主催する高校生を対象とした建築設計競技（以降、コンペ）へ出品する作品の作成指導にあたってきました。コンペで高い評価を得るためには、自分の考え（アイデア）を図面や模型・パースで表現し、相手にわかりやすく伝える（プレゼンテーション）必要があります。その表現手段として、本書で利用するJw_cadをベースに指導を行ってきましたが、適切な教材がないため、独学で学び、試行錯誤を繰り返しながら生徒を指導してきたのが現状です。そこで、「CADでコンペは初めて」という高校生でも、無理なく建築のプレゼンテーション図面（以降、プレゼン図面）がかける入門テキストとして、本書を執筆しました。タイトルに「高校生」と銘打っていますが、それは「初めての高校生でも理解できる」内容であるという意味です。高校生以外の学生や一般の初心者の方でも、限りある時間でCADによる建築のプレゼン図面の作成技術が習得できるよう、コンパクトな内容にまとめてあります。

　本書は、姉妹書「高校生から始めるJw_cad建築製図入門［Jw_cad8対応版］」（同社）の例題で作図した「木造平家建専用住宅」（オリジナル）を基に、Jw_cad、SketchUp（3次元モデリングソフト。米国Trimble社）、GIMP（グラフィックソフト。フリーウェア）などを使って、プレゼン図面を作成する方法を説明します。

▶ **CHAPTER 1　「プレゼン図面の作成準備」**では、Jw_cadのインストールや使用準備など、Jw_cadでプレゼン図面を作成するために使うSketchUp Pro2019評価版およびGIMPのダウンロードやインストール・使用準備などについて説明します。

▶ **CHAPTER 2　「Jw_cad図面の装飾」**では、Jw_cadで作成した図面の見栄えをよくするため、ソリッド着色、手描き風表現、外部変形プログラムなどを使用した図面装飾の方法を説明します。

▶ **CHAPTER 3　「Jw_cad図面から建築模型を製作」**では、Jw_cadの図面を基に、建築模型の型紙の作図から実際の建築模型を製作する過程を説明し、完成した建築模型をデジカメで撮影し、その写真をJPEG画像としてJw_cadの図面に貼り付けるための調整方法などを説明します。

▶ **CHAPTER 4　「Jw_cad図面へ写真や文字を貼り付け」**では、建築模型写真のJPEG画像をJw_cad図面に貼り付けたり、フリーの文字フォントを使ってプレゼンテーションの表現力を高める方法を説明します。

▶ **CHAPTER 5　「SketchUpでJw_cad図面のパースを作成」**では、SketchUp Pro2019評価版を使い、その基本操作方法を説明したあと、あらかじめJw_cadで作図した図面を下絵にした3次元パースの作成方法を説明します。

▶ **CHAPTER 6　「Jw_cad図面でのプレゼン図面の完成」**では、SketchUpで作成した3次元パースをエクスポートし、その画像をJw_cadの図面に読み込んで貼り付け、ほかの図面や建築模型写真などと合わせてレイアウトし、全体のプレゼン図面を完成させます。

　本書の内容を理解し、建築のプレゼン図面の要領を覚えることで、Jw_cadによるCAD作図力を向上させるだけでなく、コンペの作品製作の楽しさを知っていただけると幸いです。また、本書をきっかけとして、1人でも多くの方が建築を好きになっていただくと同時に、Windowsパソコンでjw_cadを自由自在に操作できるスペシャリストに育っていただけることを期待しています。

2019年 4月　櫻井　良明

CONTENTS

付録CD-ROMの内容 9
本書の表記 10

CHAPTER 1　プレゼン図面の作成準備 11

1.1　Jw_cad のインストールと基本 12
- 1.1.1　Jw_cadのインストール 12
- 1.1.2　Jw_cad起動用ショートカットの作成 14
- 1.1.3　Jw_cadの起動と画面構成 15
- 1.1.4　ツールバーの表示・非表示の設定 16
- 1.1.5　「jw_win」ダイアログで行う基本設定 17

1.2　SketchUpのインストールと準備 19
- 1.2.1　SketchUp Pro2019（評価版）のダウンロード 19
- 1.2.2　SketchUpの起動、テンプレートの設定、SketchUpの終了 22

1.3　GIMPのインストールと準備 25
- 1.3.1　GIMPのインストールと基本ウィンドウの調整 25
- 1.3.2　GIMP起動用ショートカットの作成 27
- 1.3.3　GIMPの起動と終了 27

CHAPTER 2　Jw_cad図面の装飾 29

2.1　ソリッド機能による図面の着色 30
- 2.1.1　Jw_cad図面の練習用データを開く 30
- 2.1.2　平面図の壁をソリッド機能で着色 32
- 2.1.3　配置図の樹木の着色 35
- 2.1.4　樹木の色の変更（1）　色の設定 36
- 2.1.5　樹木の色の変更（2）　色の取得 37
- 2.1.6　断面図の切断面の着色 38
- One Point　閉図形の内部を着色しない方法（1）（2） 40

2.2　手描き風の線の作図 41
- 2.2.1　Jw_cad図面の練習用データを開く 42
- 2.2.2　図面全体を一括して手描き風に変更 42

2.3 外部変形によるグラデーション着色 —— 44
- 2.3.1 Gradation_Solidのインストール —— 45
- 2.3.2 Jw_cad図面の練習用データを開き、Gradation_Solidを使う —— 45

2.4 図形データをダウンロードして図面に貼り付け —— 50
- 2.4.1 フリーの図形データの利用方法 —— 50
- 2.4.2 フリーの図形データのインストール（コピー） —— 50
- 2.4.3 Jw_cad図面の練習用データを開き、図形を貼り付け —— 51
- 2.4.4 フリーの樹木図形データの入手方法とインストール —— 54
- フリーの樹木図形データ「樹木図形45」について —— 56

CHAPTER 3 Jw_cad図面から建築模型を製作 —— 57

3.1 敷地と床の型紙用図面の作図 —— 58
- 3.1.1 Jw_cad図面の練習用データを開く —— 58
- 3.1.2 敷地の型紙用図面の作図 —— 59
- 3.1.3 床の型紙用図面の作図 —— 61

3.2 壁の型紙用図面の作図 —— 65
- 3.2.1 Jw_cad図面の練習用データを開き、外壁の型紙用図面を作図 —— 66
- 3.2.2 内壁の型紙用図面の作図 —— 69

3.3 屋根の型紙用図面の作図 —— 70
- 3.3.1 Jw_cad図面の練習用データを開き、屋根の型紙用図面を作図 —— 70
- One Point 寄棟屋根の型紙用図面の作図 —— 72

3.4 型紙用図面を印刷して建築模型を製作 —— 73
- 3.4.1 型紙用図面の印刷 —— 73
- 3.4.2 型紙から建築模型パーツを製作 —— 74
- 3.4.3 パーツの組み立て —— 75
- 3.4.4 建築模型の写真撮影 —— 79

3.5 建築模型写真をGIMPで加工 —— 80
- 3.5.1 GIMPの起動と画面調整 —— 80
- 3.5.2 写真の明るさ調整 —— 81
- 3.5.3 写真のトリミング（切り抜き） —— 83

CHAPTER 4 Jw_cad図面へ写真や文字を貼り付け ……… 85

4.1 Susieプラグインのインストール ……… 86

4.2 画像をJw_cad図面へ貼り付け ……… 87
- 4.2.1 付録CDから画像をコピー ……… 87
- 4.2.2 Jw_cad図面へ画像を貼り付け ……… 88
- One Point 画像をJw_cad図面に貼り付ける別の方法(1)(2) ……… 90
- 4.2.3 画像の大きさを変更 ……… 91
- 4.2.4 画像の移動(複写) ……… 92
- 4.2.5 画像のトリミング(切り抜き)と解除(元に戻す) ……… 93
- 4.2.6 画像の同梱(図面と画像の一体化)と分離(元に戻す) ……… 94

4.3 フリーのフォントのダウンロードとインストール ……… 96
- 4.3.1 フリーフォントのダウンロード ……… 96
- 4.3.2 フリーフォントのインストール ……… 98

4.4 文字をJw_cad図面へ記入 ……… 99
- 4.4.1 図面に文字を記入 ……… 99
- 4.4.2 記入済みの文字色の変更 ……… 101
- One Point 黒地に黒色文字を記入するには ……… 103
- 4.4.3 記入済みの文字フォントの変更 ……… 103
- 4.4.4 Jw_cad図面にメモ帳で書いた文章(設計主旨)を貼り付け ……… 104
- One Point 行間の設定 ……… 106
- One Point 手描き図面をJw_cad図面に貼り付け ……… 106

FAX質問シート ……… 108

CHAPTER 5 SketchUpでJw_cad図面のパースを作成 ……… 109

5.1 SketchUp用プラグインの準備 ……… 110
- 5.1.1 RSJwwプラグインの準備 ……… 110
- 5.1.2 windows_kaiプラグインの準備 ……… 113

5.2 SketchUpの基本 ……… 115
- 5.2.1 SketchUpの画面構成 ……… 115
- 5.2.2 本書で使用するSketchUpのツール ……… 116
- 5.2.3 人物モデルの選択と消去 ……… 118

	One Point 「元に戻す」ツールと「やり直し」ツール	118
5.2.4	三角形の作図	119
5.2.5	三角形の辺（エッジ）の消去と作図	120
5.2.6	三角形の面の消去	121
5.2.7	三角形の面の復活	122
5.2.8	長方形の作図	122
5.2.9	面の引き出し（柱状立体化）	123
5.2.10	立体の側面に円を作図し、その形で立体を貫通	125
5.2.11	モデルの移動と複写	126
5.2.12	モデルの回転	128
	「5.2.12 モデルの回転」を別の方法で行う	132

5.3　Jw_cad図面をSketchUp用に加工　　135

5.3.1	配置図兼平面図および4つの立面図の加工	135

5.4　Jw_cad図面をSketchUpにインポートし、敷地などを作図　　136

5.4.1	配置図兼平面図のインポート	136
5.4.2	「敷地」レイヤの作成	140
5.4.3	敷地、花壇、飛石の作図	140
5.4.4	道路の作図	146
5.4.5	敷地や道路のペイント	147
5.4.6	敷地のグループ化	150

5.5　床などの作図　　151

5.5.1	「床・外壁」レイヤの作成	151
5.5.2	床、ポーチ階段、デッキの作図	152

5.6　Jw_cadの立面図をSketchUpにインポートし、床に貼り付け　　158

5.6.1	西立面図用レイヤの作成と西立面図のインポート	158
5.6.2	北立面図、東立面図、南立面図の貼り付け	162

5.7　外壁や窓などの作図　　166

5.7.1	西側外壁の作図	166
5.7.2	東側外壁の作図	170
5.7.3	北側外壁の作図	172
5.7.4	南側外壁の作図	175
5.7.5	ポーチの壁の作図	180
5.7.6	基礎のペイント	185

5.8　外壁建具の作図　　187

5.8.1	「外窓」レイヤの作成と外壁建具の作図	187

5.9 天井と屋根の作図 — 192
- 5.9.1 「天井」レイヤの作成と天井の作図 — 192
- 5.9.2 「屋根」レイヤの作成と屋根の作図 — 195

5.10 内壁の作図 — 201
- 5.10.1 「内壁」レイヤの作成と内壁の作図 — 201

5.11 内壁建具の作図 — 207
- 5.11.1 「内部建具」レイヤの作成と内部建具の作図（配置） — 207
- 内部建具作図用資料 — 208

5.12 家具、電化製品、設備機器などの作図 — 210
- 5.12.1 「家具・設備」レイヤの作成と家具などの作図（配置） — 210
- 5.12.2 3D Warehouseからダウンロードしたコンポーネントを配置 — 215

5.13 庭の添景などの作図 — 221
- 5.13.1 「添景」レイヤの作成と樹木などの作図（配置） — 221

CHAPTER 6 Jw_cad図面でのプレゼン図面の完成 — 225

6.1 SketchUpで作成したパースをJw_cad図面に貼り付け — 226
- 6.1.1 SketchUpで作成したパースのエクスポート — 226
- 6.1.2 SketchUpからエクスポートしたパースをJw_cad図面に貼り付け — 227

6.2 プレゼン図面の完成と印刷 — 228
- 6.2.1 各種要素をレイアウトして、プレゼン図面を完成 — 228
- 6.2.2 プレゼン図面の印刷 — 229

6.3 Jw_cad図面をPDFファイルに変換 — 232
- 6.3.1 PDF変換ソフト「CubePDF」のインストール — 232
- 6.3.2 CubePDFによるJw_cad図面のPDF変換 — 235

INDEX — 238

付録CD-ROMの内容

付録CD-ROMには、以下のフォルダ構成で各データを収録しています。それぞれの内容の詳細は該当ページを参照してください。なお、「jww711.exe」も収録していますが、特段の理由がない限り使用しないでください。

- 💿 Jw_cad建築プレゼン入門
  - jww803a.exe ……………………………… Jw_cadプログラムインストール用自動実行ファイル ⇒ p.12
  - 📁 「オリジナルコンポーネント」フォルダ …… オリジナルのSketchUp用データを収録。以下参照
    - 📁 「家具・設備」フォルダ ……………… 家具および設備機器データを収録 ⇒ p.210
    - 📁 「建具」フォルダ …………………… 外部建具データを収録 ⇒ p.190。 内部建具データを収録 ⇒ p.207
  - 📁 「ダウンロード図形」フォルダ ………… フリーのJw_cad用図形データを収録。以下参照
    - 📁 「zouen111」フォルダ ………………… 樹木図形データ(テノリオ)などを収録 ⇒ p.54
    - 📁 「インテリア」フォルダ ……………… 家具図形データ(ハルス設計)などを収録 ⇒ p.50
    - 📁 「車」フォルダ ……………………… 自動車図形データ(ハルス設計)などを収録 ⇒ p.50
  - 📁 「使用ソフト」フォルダ ……………… 本書で使用するフリーウェアのプログラムなどを収録。以下参照
    - cubepdf-1.0.0rc18-x64.exe …………… CubePDFプログラムインストール用自動実行ファイル ⇒ p.232
    - gimp-2.10.6-setup.exe ……………… GIMPプログラムインストール用自動実行ファイル ⇒ p.25
    - 📁 「Gs111a」フォルダ …………………… Jw_cad用外部変形プログラム(グラデーション着色)を収録 ⇒ p.44
    - 📁 「RSJww_2018-04-08」フォルダ ……… Jw_cad図面をエクスポートしSketchUpに貼り付ける外部変形プログラムおよびSketchUpプラグインなどを収録 ⇒ p.110
    - 📁 「spi32008」フォルダ ………………… JPEG形式などの画像ファイルをJw_cad図面に貼り付けるためのSusieプラグインなどを収録 ⇒ p.86
    - 📁 「windows_kai」フォルダ …………… 建具などを自動生成するSketchUp用プラグインなどを収録 ⇒ p.110
  - 📁 「模型写真」フォルダ ………………… CHAPTER 3で製作している建築模型の写真画像データを収録 ⇒ p.81、83
    - 📁 「加工後」フォルダ
    - 📁 「加工前」フォルダ
  - 📁 「練習用データ」フォルダ …………… CHAPTER 2～6で作図している途中経過データを収録
    ※SketchUp(skp)ファイルは、バージョン8対応のデータを収録しています。
    - 📁 「CH02」フォルダ
    - 📁 「CH03」フォルダ
    - 📁 「CH04」フォルダ
    - 📁 「CH05」フォルダ
    - 📁 「CH06」フォルダ

本書の表記

本書では、以下の表記を用いて説明しています。

本書の表記

● マウスのクリック操作の表記

🖱️　　　　：左クリック ＝ マウスの左ボタンを押してすぐに離す。
🖱️（右）　　：右クリック ＝ マウスの右ボタンを押してすぐに離す。
🖱️（両）　　：両クリック ＝ マウスの左右両方のボタンを一緒に押してすぐに離す。
🖱️🖱️　　　：左ダブルクリック ＝ 左クリックを素早く2回繰り返す。
🖱️🖱️（右）　：右ダブルクリック ＝ 右クリックを素早く2回繰り返す。
🖱️🖱️🖱️　　：左トリプルクリック ＝ 左クリックを素早く3回繰り返す。

注意！ ダブルクリックやトリプルクリックで、クリックとクリックの時間をあけると、クリック2回や3回の指示になるので注意してください。

情報☞ 両クリックと右ダブルクリックはJw_cad特有の機能です。左トリプルクリックはSketchUp特有の機能です。

● マウスのドラッグ操作の表記

🖱️→：左ドラッグ ＝ マウスの左ボタンを押したまま、マウス（マウスポインタ）を動かす。
🖱️→：右ドラッグ ＝ マウスの右ボタンを押したまま、マウス（マウスポインタ）を動かす。
🖱️→：両ドラッグ ＝ マウスの左右両方のボタンを一緒に押したまま、マウス（マウスポインタ）を動かす。

注意！ 表記の→はドラッグを意味するもので、ドラッグする方向は作図状況に応じます。

情報☞ 両ドラッグはJw_cad特有の機能です。

キー入力の表記

● キーボードからのキー入力の表記例

「Enter」キーを押す　　　　　：キーボードの「Enter」キーを押すこと。
「Shift」＋「Ctrl」キーを押す　：キーボードの「Shift」キーを押した状態のまま「Ctrl」キーを押すこと。

● 入力ボックスへのキー入力の表記例

Jw_cadやSketchUpの各コマンド実行時に、文字や数値をキーボードから入力する場合は、以下のように表記します。

　　文字の場合「居間」：キーボードから「居間」と日本語入力（必要に応じて漢字かな変換）してから、確定の「Enter」キーを押すこと。
　　数値の場合「1820」：キーボードから「1820」と半角数字を入力すること。半角数字の場合は、入力後に確定の「Enter」キーは押さなくてよい。

CHAPTER 1

プレゼン図面の作成準備

本書で主に使用するソフトであるJw_cad、SketchUp Pro2019 評価版、GIMPについて、インターネットからのダウンロードやパソコンへのインストールの方法、基本的な設定などについて説明します。

本書で使用する主要3ソフトの画面例

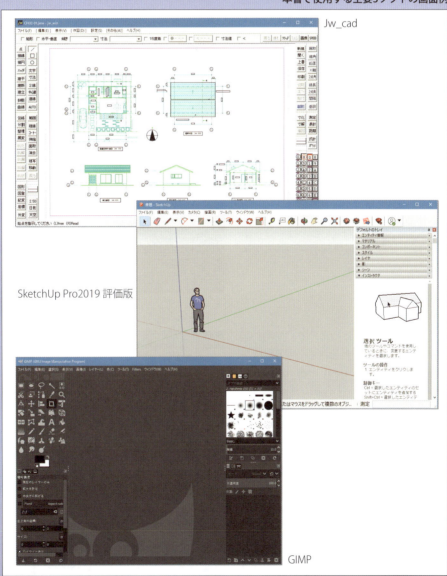

Jw_cad

SketchUp Pro2019 評価版

GIMP

1.1 Jw_cadのインストールと基本

付録CD-ROM（以降は「付録CD」と記載）に収録した「Jw_cad（バージョン8.03a）」をWindowsパソコン（ハードディスク）にインストールします。次に、Jw_cadを起動し、Jw_cadの機能設定を本書の解説に合わせるための基本的な設定を行います。合わせて、Jw_cadの画面構成と各部名称の紹介、Jw_cadの終了方法など、基本的な操作方法も説明します。付録CDをご使用になる場合は、必ずp.2「付録CD-ROM使用上のご注意」をお読みください。

1.1.1 Jw_cadのインストール

付録CDに収録した「Jw_cad（バージョン8.03a）」を、Jw_cadのインストールプログラムを利用して、パソコン（ハードディスク）の既定位置である「C：」ドライブの「jww」フォルダにインストールします。

① 付録CDをパソコンのDVD/CDドライブにセットする。Windows付属のエクスプローラーが起動して（起動しない場合⇒次ページの「情報」）、デスクトップに「Jw_cad建築プレゼン入門」ウィンドウが開く。

② 「jww803a（.exe）」アイコンを🖱🖱（左ダブルクリック⇒p.10。以降、マークのみ記載）して実行する。

③ 「Jw_cad用のInstallShieldウィザードへようこそ」ダイアログが開くので、「次へ」を🖱する。

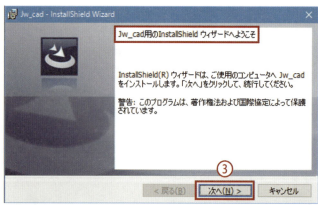

④ ダイアログが切り替わるので、使用許諾契約書をよく読み、同意したら「使用許諾契約の条項に同意します」を🖱して黒丸を付ける（◉の状態にする）。

⑤ 「次へ」を🖱する。

> **注意！** ③〜⑨の手順は、使用するWindowsのバージョンやブラウザによって異なる場合があるので、開く画面の指示に従って作業を進めてください。

⑥ ダイアログが切り替わるので、「インストール先フォルダ：C：¥JWW¥」の表示を確認したら、「インストール」を🖱する。

情報☞ 「C：」ドライブという名称は、パソコン機種やWindowsバージョンによって異なります。

⑦ インストール実行中のダイアログが開くので（画面図省略）、少し待つ（一般的な性能のパソコンならば数十秒程度）。

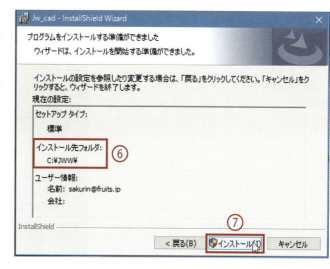

⑧ インストールが完了するとダイアログが切り替わるので、「完了」を🖱する。

情報☞ **エクスプローラーを手動で起動する**
エクスプローラーが自動で起動せず、「Jw_cad建築プレゼン入門」ウィンドウが開かない場合は、エクスプローラーを手動で起動します。Windowsのバージョンによっていくつかの方法がありますが、画面左下隅のスタートボタンを🖱して開くスタートメニューの「エクスプローラー」を🖱する方法が簡単です。

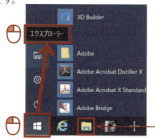

――これを🖱しても起動する

⑨ エクスプローラーが起動するので、「C：」（著者のパソコンの場合は「OS（C：）」）ドライブに「jww」フォルダがインストールされたことを確認する。

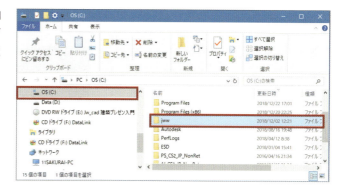

1.1.2 　Jw_cad起動用ショートカットの作成

インストールしたJw_cadを起動する方法にはいくつかありますが、デスクトップに起動用ショートカット（アイコン）を作っておくと便利です。

① 画面左下隅のスタートボタンを🖱してスタートメニューを開く。

② スタートメニューの「J」の下に「Jw_cad」フォルダが表示されるので、これを🖱する。

③ 「Jw_cad」フォルダの中身が展開されて「jw_cad」が表示されるので、これを🖱（右クリック。以降「右」と記載）する。

④ メニューが開くので、「その他」を🖱する（マウスポインタを合わせるだけでもよい）。

⑤ さらに開くメニューで「ファイルの場所を開く」を🖱する。

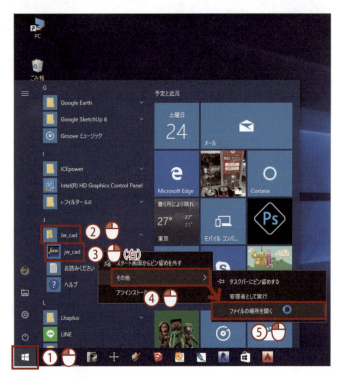

⑥ 「Jw_cad」ウィンドウが開くので、「jw_cad」アイコンを🖱（右）し、開くメニューの「送る」を🖱し（マウスポインタを合わせるだけでもよい）、さらに開くメニューの「デスクトップ（ショートカットを作成）」を🖱する。

⑦ デスクトップに、右図のJw_cad起動用のショートカットアイコンが作成されたことを確認する。このアイコンを🖱🖱するとJw_cadが起動する（⇒次ページ）。

⑧ ウィンドウ右上隅の（閉じる）ボタンを🖱して、「Jw_cad」ウィンドウを閉じる。

注意！　❌（閉じる）は、マウスポインタを合わせると、図のように赤色に切り替わります。

1.1.3 Jw_cadの起動と画面構成

前ページのようにインストールしてデスクトップに作成したJw_cad起動用ショートカットアイコン（→前ページ⑦）を🖱🖱すると、Jw_cadが、下図の標準的な初期設定の画面構成で起動します。

本書では画面各部を下図のように呼称します。それぞれの詳細は、以降の作図操作の中で必要に応じて説明します。

情報☞ Windowsのスタートメニューに登録（⇒前ページ③）した「jw_cad」を🖱しても起動できます。

情報☞ Jw_cadは1つの図面ファイルしか開くことができませんが、Jw_cad自体を複数起動することができるので、その方法を利用すれば、複数の図面ファイルを開いて利用することができます。

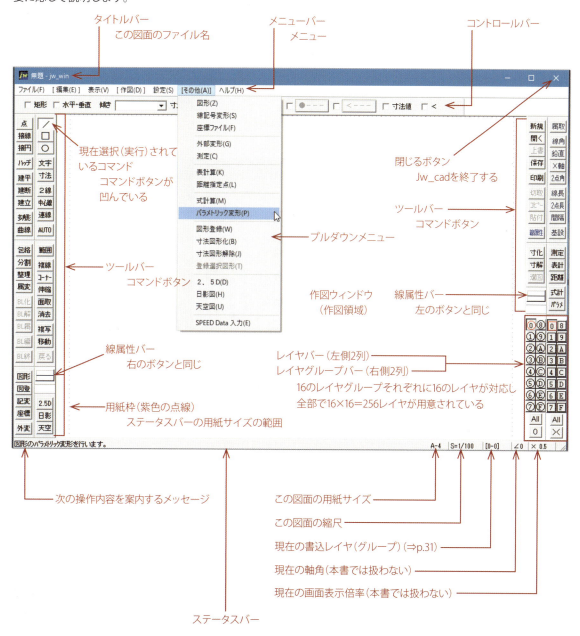

1.1.4 ツールバーの表示・非表示の設定

Jw_cadの作図ではコマンド選択がおもな操作になります。コマンドはメニューバーから選択するのが基本ですが、頻繁に使用するほとんどのコマンドは、ツールバーに配置されたコマンドボタンを🖱して実行することもできます。ここでは、ツールバーの表示・非表示や表示位置・形状の変更方法を説明します。

ここでは、本書での作図練習に合わせた設定変更を行います。変更項目は多くはありませんが、本書の説明どおりにJw_cadを機能させるために、ここでの設定は必ず行ってください。

ツールバーの表示・非表示を設定します。設定した内容は、次回の起動時以降も有効です。

① メニューバー「表示」を🖱し、開くメニューから「Direct2D (2)」を🖱してチェックを外す。

② メニューバー「表示」を🖱し、開くメニューで「ツールバー」を🖱する。

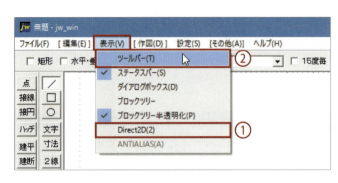

③ 「ツールバーの表示」ダイアログが開くので、「初期状態に戻す」を🖱してチェックを付ける。

④ 「ユーザー (1)」を🖱してチェックを付ける。

⑤ 「OK」を🖱する。

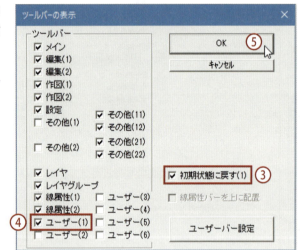

⑥ 作図ウィンドウに「ユーザー (1)」ツールバーが追加表示されたことを確認する。

このままでは「ユーザー (1)」ツールバーが作図の邪魔になるので、コントロールバー右端部に移動します。

⑦ 「ユーザー(1)」ツールバーのタイトルバー部 (青い部分) でマウスの左ボタンを押し、押したまま移動 (左ドラッグ) して、コントロールバー右端部のスペース (図の位置付近) でボタンを離す。

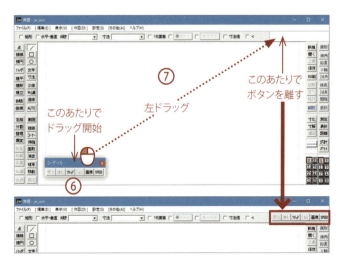

1.1.5 「jw_win」ダイアログで行う基本設定

Jw_cadでは、画面表示の方法や操作環境を図面ファイルごとに設定し、保存できます。設定は、「基本設定」コマンドを実行すると開く「jw_win」ダイアログのほか、いくつかのダイアログで行います。本書での作図は、以下の「jw_win」ダイアログの3つのタブ（設定項目別の切り替え画面）での設定を前提としています。なお、Jw_cadで実際に作図を開始するCHAPTER 2では、最初に付録CDに収録した設定済みの図面ファイルを使用しますので、実際には以下の設定は済んでいます。参考までにお読みください。

Jw_cadの作図環境の設定のほとんどは、「jw_win」ダイアログの8つのタブで行えます。設定した内容はその図面ファイルに保存されるので、図面ファイルごとに作図環境を保持できます。本書で作図練習する際は、「jw_win」ダイアログの「一般(1)」「一般(2)」「色・画面」の3つのタブで、以下のように設定してください。指定以外の項目はJw_cadインストール時の初期設定のままにしておきます。

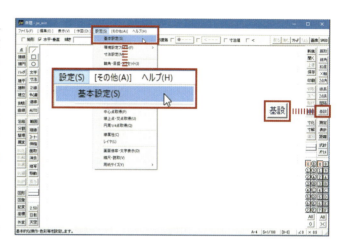

① メニューバー「設定」を🖱するとプルダウンメニューが開くので、「基本設定」（ツールバー「基設」ボタン）を🖱する。

基本設定を行う「jw_win」ダイアログが開きます。

② 「一般(1)」タブでは、以下の項目（チェックボックス）を🖱してチェックを付ける（他は変更しない）。
「読取り点に仮点表示」
「消去部分を再表示する」
「ファイル読込項目」の3項目
「用紙枠を表示する」
「新規ファイルのときレイヤ名…」

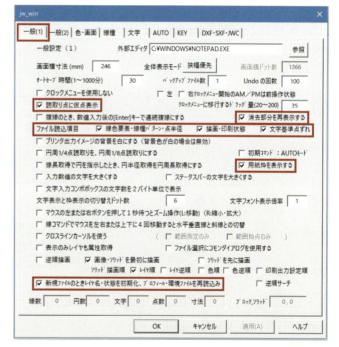

③ 次に、「一般(2)」タブを🖱️して画面を切り替え、以下の項目（チェックボックス）を🖱️してチェックを付ける（他は変更しない）。
「矢印キーで画面移動、PageUp…」
「マウスホイール」欄の「+」

> **情報** 👉 **マウスホイール**
> 「マウスホイール」欄の「+」にチェックを付けると、マウスホイールの操作で画面の拡大や縮小ができるようになります。本書ではこの機能を使用するのでチェックを付けてください。

④ 最後に、「色・画面」タブを🖱️して画面を切り替え、以下の項目（チェックボックス）を🖱️してチェックを付ける（他は変更しない）。
「実点を指定半径（mm）でプリンタ出力」

他の5つのタブは初期設定のまま変更しません。

⑤ 設定が終わったので、「OK」を🖱️してダイアログを閉じる。

⑥ Jw_cadの作図ウィンドウ画面に戻るので、この図面ファイルに適当な名前を付けて保存する。

⑦ 画面右上隅の閉じるボタン（⇒p.15の図）を🖱️してJw_cadを終了する。

このように基本設定を行った図面ファイルならば、本書での作図練習に対応します。
また、基本設定を行った図面ファイルを一度保存すれば、その図面ファイルを閉じてJw_cadを終了しても、図面ファイルの基本設定の内容は、以降、常に有効になります。したがって、本書の解説に沿って作図練習をする場合は、図面ファイルを新規作成した時に、まずこの基本設定を行ってから始めてください。

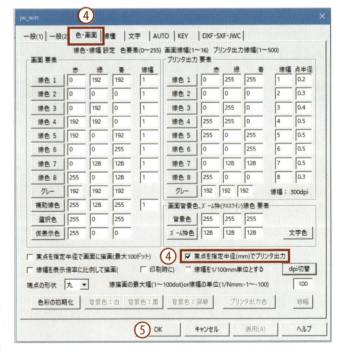

1.2 SketchUpのインストールと準備

「SketchUp」(「スケッチアップ」と呼ぶ) は、米国のTrimble社が提供している3次元モデリングソフトです。プロダクトデザインから建築物のモデリングまで、幅広く実務に使用されています。

SketchUpは、バージョン2017までは無料版の「SketchUp Make」と有料版の「SketchUp Pro」があり、無料版はJw_cadの図面をDXFファイルに変換してもインポートできないなどの使用制限がありました。バージョン2018からは有料版の「SketchUp Pro」のみとなりました。このほか、「SketchUp Pro 評価版」もあり、評価版は、有料版のすべての機能を30日間まで使用できます。

本書では、最新バージョンの「SketchUp Pro2019」の評価版を使用します (以降、これを「SketchUp」と略称)。CHAPTER 5では、Jw_cadの図面を基に3次元パースを作成しますが、ここでは、インターネットからSketchUpをダウンロードしてインストールを行い、その後、作図環境の設定、起動と終了など、基本的な操作方法を説明します。

▼ **SketchUp Pro2019 (評価版)**　問い合わせ先：(株)アルファコックス　Tel：03-3485-8196, https://www.alphacox.com/

正式名称、本書執筆時点でのバージョン	SketchUp Pro2019 (評価版)　SketchUpはTrimbleの登録商標
ファイルの入手先	https://www.alphacox.com/sketchup-pro/download/
ファイル名	SketchUpPro-2019-0-685-20289-ja.exe (評価版)

※ 評価版は有料版のすべての機能を30日間に限り使用可能

1.2.1 SketchUp Pro2019 (評価版) のダウンロード

SketchUpをインターネットからダウンロードします。

① インターネットに接続し、任意の検索サイトにアクセスしたら、「スケッチアップ」(カタカナで可) のキーワードでSketchUp Pro 2019 (評価版) のダウンロード先を検索する。

② 図のような検索結果のページが開くので、「SketchUpPro-アルファコックス」を🖱する。

③ 「SketchUpProJAPAN」のトップページが開くので、「ダウンロード」を🖱する。

④ 「DOWNLOAD」のページに切り替わるので、「ダウンロードDOWNLOAD」の「SketchUp Pro2019J」の項目のURLを🖱する。

⑤ 「SketchUp Pro」のページに切り替わるので、「評価版ダウンロード」で、動作環境の項目を確認し、氏名、法人名または学校・団体名、メールアドレスなどの項目を記入して、「入力した内容を送信する」を🖱する。

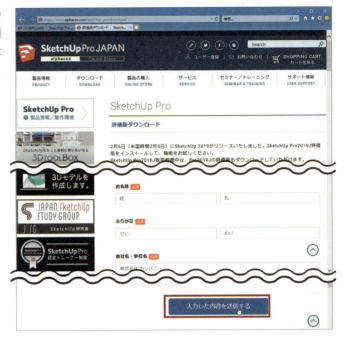

⑥ アルファコックスから、⑤で記入したメールアドレスに「SketchUp Pro JAPAN 評価版ダウンロードのお知らせ」のメールが届くので、示されているURLを🖱して、SketchUp Pro 評価版のダウンロードを実行する。

⑦ 「iexplore.exe」が開くので、メールに示されているユーザー名、パスワードをそれぞれ記入し、「資格情報を記憶する」にチェックを付けてから、「OK」を🖱する。

⑧ 「SketchUp Pro2019J/Pro2018J評価版」のページに切り替わるので、図の「SketchUp 2019　Windows版」を🖱する。

⑨ 開く「名前を付けて保存」ダイアログで、ここではデスクトップに保存する。

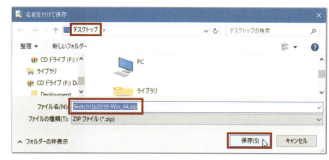

⑩ デスクトップに保存された「SketchUp 2019-Win_64.zip」を🖱🖱し、開く「SketchUp 2019-Win_64」ウィンドウで「SketchUpPro-2019-0-685-20289-ja.exe」を🖱🖱する。インストール開始の画面が開く（画面は省略）。

⑪ 続いて自動的に画面が切り替わり、インストールの続行を確認する画面が開くので、「インストール」を🖱する。

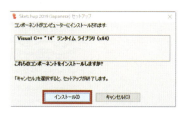

⑫ 続いて自動的に画面が切り替わり、インストールの進捗状況がわかる画面が開き（画面は省略）、続いて自動的に「SketchUp Pro 2019 (64-bit) のセットアップウィザードへようこそ」画面が開くので、「次へ」を🖱する。

情報 ☞ ⑫の後、下の上図のインストール先を変更する画面が開きますが、変更しないで「次へ」を🖱し、次に開く下の下図の画面では「続行」を🖱します。

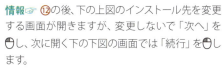

⑬ 「SketchUp Pro 2019 (64-bit) のセットアップウィザードが完了しました」と表示されたら、「完了」を🖱してインストールは完了する。

高校生から始める Jw_cad 建築プレゼン入門 [Jw_cad8対応版]

⑭ デスクトップに起動用ショートカット（アイコン）「SketchUp 2019」が作成されたことを確認したら、「SketchUp」のホームページを閉じる。

情報☞ インストールしたSketchUpの起動用ショートカットアイコンは、デスクトップ左下隅にあるスタートボタンを🖱して開くスタートメニューの「S」フォルダの「SketchUp 2019」フォルダにもあります。

「LayOut 2019」「Style Builder 2019」の起動用ショートカットアイコンも同時に作成されるが、これらのアプリケーションは本書では扱わない。

1.2.2 SketchUpの起動、テンプレートの設定、SketchUpの終了

SketchUpを起動し、初めて使う時の作業を行います。

① 前項でWindowsのデスクトップに作成した起動用ショートカットアイコン「SketchUp 2019」を🖱🖱する。

② 開く「SketchUp使用許諾契約」ダイアログで、左下の「SketchUp 使用許諾契約に同意する」にチェックを付け、「続行」を🖱する。

③ 開く「SketchUpへようこそ」ダイアログで、「サインイン」を🖱する。

④ 開く「SketchUpのすべてにサインイン」ダイアログで、メールアドレスを記入し、「次」を🖱する。

⑤ 開く「SketchUpのすべてにサインイン」ダイアログで、「名」「姓」「パスワード」を記入し、「私はロボットではありません」欄にチェックを付ける。

⑥ そのときの質問に答え、「確認」を🖱する。

⑦ 答えが正しければ□にチェックが付くので、「新規アカウント作成」を🖱する。

⑧ ④で記入したメールアドレスにSketchUpから、「Trimble アカウント作成のお知らせ」のメールが届くので、「アカウントをアクティベートする」を🖱する。

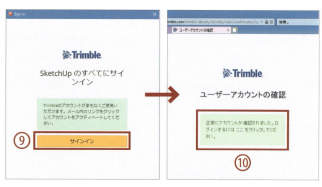

⑨ 「SketchUpのすべてにサインイン」ダイアログに戻るので、「サインイン」を🖱する。

⑩ 開く「ユーザーアカウントの確認」ダイアログで「正常にアカウントが確認されました。ログインするにはここをクリックしてください。」を🖱し、一連の画面で適宜、判断・選択して、作業を進める。

⑪ 最後の画面で、「試用を開始」を🖱する。

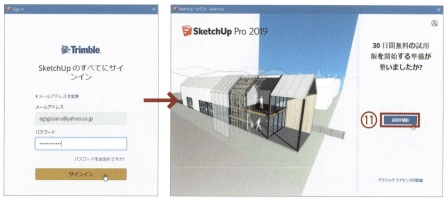

※ SketchUp Pro2019評価版は有料版のすべての機能を30日間に限り使用可能

続けて、SketchUpの作図環境であるテンプレートを設定します。

⑫ ダイアログ下段の表示が切り替わり、「ファイル」ウィンドウの中から、本書の作図環境に合わせるため、「建築図面表記－ミリメートル」のハート印を🖱して選択状態にしてから、その画像部分を🖱する。

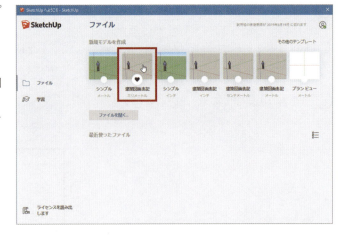

⑬ SketchUpが起動して初期画面が開くが、初めての起動なので、画面右部に操作方法を説明する「インストラクタ」パレットが開く。本書では作図画面を広く使用するために、このまま何もしないでパレット右上隅の閉じるボタン✕を🖱し、パレットを閉じる。また、今回使用しない「シーン」もボタン✕を🖱する。

情報☞ 「インストラクタ」「シーン」パレットは、あとからいつでも開いて設定することができます。

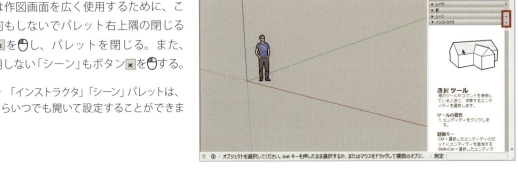

⑭ 画面上部のメニューバーから「ファイル」を🖱する。

⑮ 「ファイル」メニューが開くので、「終了」コマンドを🖱するか、または画面右上隅の閉じるボタン✕を🖱して、SketchUpを終了する。

ここでは、テンプレートを設定したファイルを保存する必要はありません。次回のSketchUp起動時には、ここでの設定が引き継がれます。

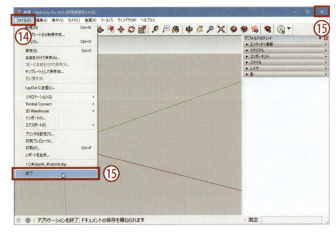

1.3 GIMPのインストールと準備

「GIMP」(「ギンプ」と呼ぶ)は、写真の補正・加工、イラスト、CGまで、あらゆるデジタルコンテンツを編集・作成できるフリーのグラフィックソフトです。無料とは思えない豊富なツールや機能が備わっています。本書では、CHAPTER 3においてデジタルカメラで撮影した建築模型写真の画像を補正・加工するのに、このソフトを使います。

▼ GIMPについて

正式名称、本書執筆時点でのバージョン	GIMP for Windows 2.10.6
作　者	The GIMP Development Team
価　格	フリーウェアなので無料
ファイルの入手先	GIMP公式サイト：https://www.gimp.org/　付録CDに収録
ファイル名	gimp-2.10.6-setup.exe

1.3.1　GIMPのインストールと基本ウィンドウの調整

付録CDに収録した「GIMP」をパソコン（ハードディスク）にインストールして、使えるようにします。

① 付録CDに収録した「使用ソフト」フォルダ内の「gimp-2.10.6-setup.exe」を🖱🖱する。

付録CD内のデータの読み込み方 ⇒ p.12 ①

② 「ユーザーアカウント制御」ダイアログが開くので、「はい」を🖱する。

③ 「Select Setup Language」というポップアップウインドウが開く。ここで使用する言語を選ぶのだが、日本語がないので、表示されているのが「English」であることを確認して、「OK」を🖱する。

④「Setup-GIMP」ダイアログが開くので、「Install」を🖱する。

⑤ インストール進捗状況画面に切り替わり、インストールが自動的に進む。

⑥ ダイアログが図の内容に切り替わったらインストール完了なので、「Finish」を🖱する。

1.3.2　GIMP起動用ショートカットの作成

インストールしたGIMPを起動する方法はいくつかありますが、デスクトップに起動用ショートカットアイコンを作成しておくと便利です。

① デスクトップ左下隅にあるスタートボタンを🖱して開くスタートメニューの「G」フォルダに「GIMP 2.10.6」が作成されているので、これを🖱(右)する。

② メニューが開くので、「その他」を🖱し（マウスポインタを合わせるだけでもよい）、さらに開くメニューで「ファイルの場所を開く」を🖱する。

③ 「GIMP」ウィンドウが開くので、「GIMP 2.10.6」アイコンを🖱(右)し、開くメニューの「送る」を🖱し（マウスポインタを合わせるだけでもよい）、さらに開くメニューの「デスクトップ（ショートカットを作成）」を🖱する。

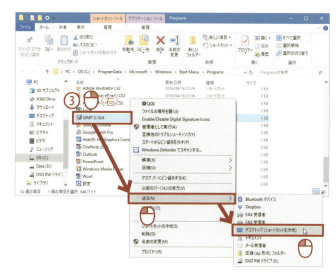

④ デスクトップにGIMP起動用のショートカットアイコンが作成されたことを確認する（次項「1.3.3　GIMPの起動と終了」の手順①の図を参照）。

1.3.3　GIMPの起動と終了

前項でWindowsのデスクトップに作成した起動用ショートカット（アイコン）を使って、GIMPを起動し、初めて使う時の作業を行います。

① 前項でWindowsのデスクトップに作成した起動用ショートカットアイコン「GIMP 2.10.6」を🖱🖱する（スタートメニュー→「G」→「GIMP 2.10.6」を🖱してもよい）。

② 初期設定では3つの基本ウィンドウ（画面は次ページ）が開くので、使用しているディスプレイに納まるよう、3つのウィンドウ（ツールボックス、イメージウィンドウ、ダイアログボックス）の位置やサイズを調整する（だいたいでよい）。

情報☞ ウィンドウの位置やサイズの調整方法は、Windowsの一般的なウィンドウサイズの調整方法と同じです。ウィンドウ上端のタイトルバーをドラッグするとウィンドウを移動できます。ウィンドウ左端・右端・下端・左下隅・右下隅などの枠部分をドラッグするとサイズ（外形）を変えられます。

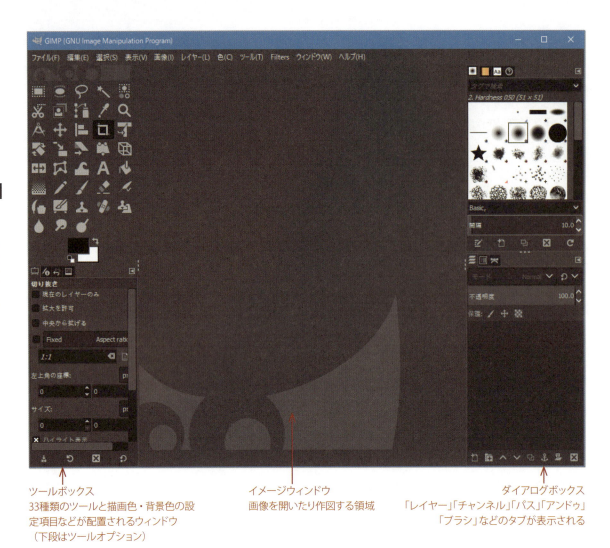

ツールボックス
33種類のツールと描画色・背景色の設定項目などが配置されるウィンドウ
（下段はツールオプション）

イメージウィンドウ
画像を開いたり作図する領域

ダイアログボックス
「レイヤー」「チャンネル」「パス」「アンドゥ」「ブラシ」などのタブが表示される

③ GIMPを終了するには、画面右上隅の閉じるボタン×を🖱するか、「ファイル」メニュー→「終了」を🖱する。

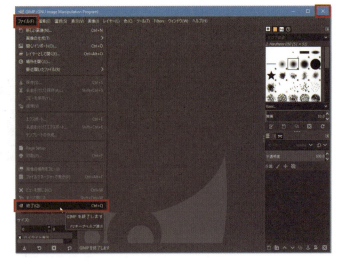

CHAPTER 2
Jw_cad図面の装飾

Jw_cadで作図した図面の見栄えをよくするため、Jw_cadのソリッド機能や手描き風表現機能、追加インストールによる外部変形プログラム機能、フリーの図形データを使って、図面を装飾する方法を説明します。

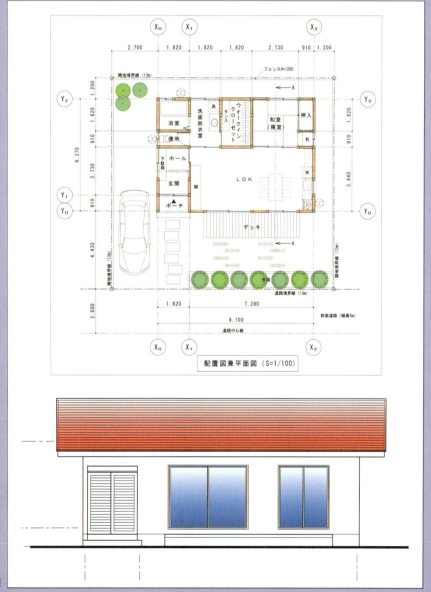

Jw_cad図面の装飾例

2.1 ソリッド機能による図面の着色

建築プレゼン図面の作図の最初は、図面の着色です。Jw_cadには「ソリッド機能」と呼ばれ、図面の指定した範囲（閉図形）の内部を任意の色に塗りつぶす機能があります。「ソリッド」は「solid」と書き、「固体」とか「内部まで密になっている」などの意味があります。この機能を使って、Jw_cadの図面の一部（閉図形）を着色します。

2.1.1　Jw_cad図面の練習用データを開く

本書での建築プレゼン図面の作図には、既刊の姉妹書「高校生から始めるJw_cad建築製図入門 [Jw_cad8対応版]」（エクスナレッジ）で作図した木造平家建専用住宅の図面ファイルを利用します（付録CDに収録）。この図面ファイルの操作環境はp.16～18の設定に合わせてあります。

① パソコンを起動して、付録CDをCD（またはDVD）ドライブにセットし、Windowsのエクスプローラなどで CD-ROM のウィンドウを開く（自動的に開く場合もある）。

② 「練習用データ」フォルダを🖱🖱する。

③ さらに「CH02」フォルダを🖱🖱する。

④ 図のようにJw_cadの図面ファイルを示すアイコンの「CH02-01」（「CH02-01.jww」）を🖱🖱し、Jw_cadを起動して図面を開く。

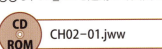
CH02-01.jww

注意！ ここでは付録CD内のファイルを🖱🖱していますが、実際にはファイルをハードディスク（任意のフォルダやデスクトップなど）にいったんコピーしてから🖱🖱して開いてください。ファイルのコピーはWindowsの基本操作で、確実な方法としてはメニューによるコピー&貼り付けがあります。エクスプローラでコピーするファイルを🖱（右）し、開くメニューから「コピー」を🖱で選択し、コピー先（たとえばデスクトップ）で再度🖱（右）し、開くメニューから「貼り付け」を🖱で選択します。

情報☞ p.15でJw_cadの起動方法を説明していますが、ここでの手順④のように、Jw_cadの図面ファイル（jwwファイル）を🖱🖱することで、Windowsの関連付けという機能により、Jw_cadが起動します（その関連ファイルであるjwwファイルが開く）。

図面への着色は、作図済みのデータ（線や図形など）とかき分けることで、あとから個別に編集などが行えて便利です。そこで、ここではJw_cadのレイヤ機能を利用します。前ページで開いた「CH02-01.jww」には、すでにソリッド着色専用のレイヤを設定してあります。

⑤ 現在、ソリッド着色を行うレイヤが0レイヤグループの8レイヤ（「平面図」レイヤグループの「ソリッド図形」レイヤ）に設定されていることを確認する（確認方法は下図参照）。

情報☞ Jw_cadのレイヤとは、図面の各部を複数の透明なシートにかき分け、重ね合わせて上から1つの図面として見るイメージの機能です。レイヤの機能や取り扱い方は複雑なので、本書での詳しい説明は省略し、以降の作図では必要に応じて要点のみ説明します。

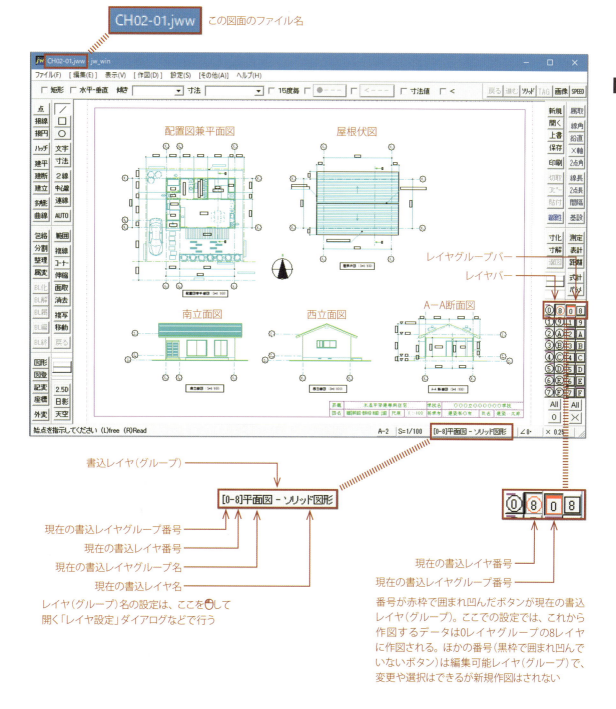

書込レイヤ（グループ）

[0-8]平面図 - ソリッド図形

- 現在の書込レイヤグループ番号
- 現在の書込レイヤ番号
- 現在の書込レイヤグループ名
- 現在の書込レイヤ名

レイヤ（グループ）名の設定は、ここを🖱️して開く「レイヤ設定」ダイアログなどで行う

- 現在の書込レイヤ番号
- 現在の書込レイヤグループ番号

番号が赤枠で囲まれ凹んだボタンが現在の書込レイヤ（グループ）。ここでの設定では、これから作図するデータは0レイヤグループの8レイヤに作図される。ほかの番号（黒枠で囲まれ凹んでいないボタン）は編集可能レイヤ（グループ）で、変更や選択はできるが新規作図はされない

2.1.2 平面図の壁をソリッド機能で着色

「CH02-01.jww」にかかれている平面図の壁（の内部）を、ソリッド機能で着色します。

① 前ページ「CH02-01.jww」の配置図兼平面図の平面図左上部分が作図ウィンドウいっぱいに表示されるよう画面を拡大表示し、ツールバー「ソリッド」（⇒p.16）を🖱する。

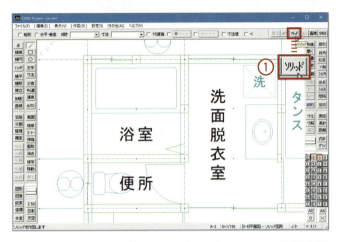

情報☞ 画面を拡大表示する簡便な方法はJw_cad独特の🖱↘（両ドラッグ）による画面ズーム機能です。マウスの左右両方のボタンを押したままマウスポインタを画面の右下方向に少し動かすと、画面に「拡大」の文字と長方形枠が表示されるので、そのままボタンを離さずに長方形枠の範囲を決めてからボタンを離すと、長方形枠の範囲が作図ウィンドウに納まる最大限まで拡大されます。拡大範囲の左上角を始点、右下角を終点（対角点）とする長方形が拡大範囲になるので、始点の位置を決めてから両ドラッグを開始するのがコツです。画面ズーム機能には、「拡大」のほかに、🖱↗「図面全体表示」や🖱↖「縮小」などがあります。なお、マウスホイールボタンによる画面の拡大・縮小・移動の機能もあります（⇒p.18）。

ここで、ソリッド機能で着色する色を決めます。

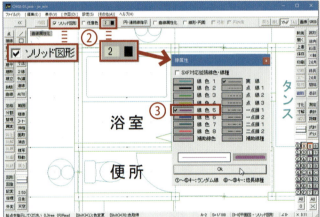

② コントロールバー「ソリッド図形」にチェックが付いていることを確認し、「2 ■」を🖱して「線属性」ダイアログを開く。

③ ここでは、「線色5」を🖱して選び（ボタンが凹む）、「Ok」を🖱する。

④ 「線属性」ダイアログが閉じて作図ウィンドウに戻るので、コントロールバーのボタンが「5 ■」に変わったことを確認する。

以上で、これからソリッド着色する色は、「線色5」（紫色）に決まりました。

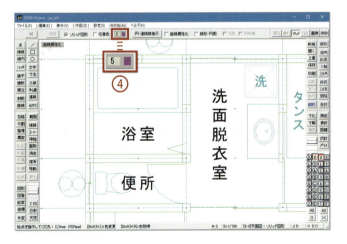

情報☞ Jw_cadでかく線（書込線）は「線色」と「線種」の2つの要素（「線属性」と呼ぶ）から構成されています。線色は図面印刷時の線の太さの違いを画面上では色の違いで対応表現するものです（画面では線の太さの違いを表現することが難しいため）。線種は実線や点線などの線の種類です。現在の書込レイヤにこれからかく線（書込線）の線属性を設定するのが「線属性」ダイアログで、通常はツールバー「線属性」や線属性バーを🖱すると表示されます。設定結果はツールバーにある線属性バー（2カ所）に線で表示されます。ソリッドの色の設定も「線属性」ダイアログで行います。

前ページでは、初期設定されている線色1～8から色を選択する例で説明しましたが、本書ではそれ以外の色も使いたいので、ここで、任意色を設定して、色を変更します。

⑤ コントロールバー「任意色」にチェックを付けると右隣のボタンの表示が変わるので、「任意■」を🖱する。

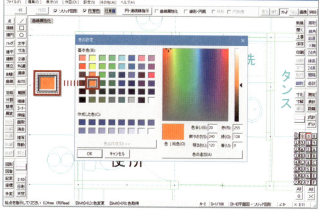

⑥ 「色の設定」ダイアログが開くので、「基本色」欄から着色したい色（ここではオレンジ色）を🖱する。

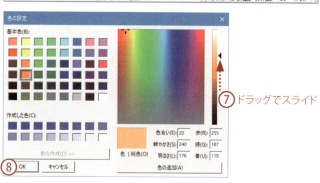

⑦ ダイアログ右端にある明度スライダを上下にドラッグすると、⑥で選択した色の明度を変更できるので、図のような明るい側の位置までスライドさせる（だいたいでよい）。

⑧ 「OK」を🖱する。

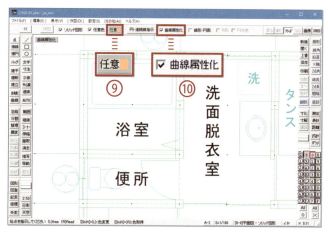

⑨ コントロールバー「任意■」の色が、⑦で設定した色に変わったことを確認する。

⑩ コントロールバー「曲線属性化」にチェックを付ける。

情報☞ 「曲線属性化」にチェックを付けてソリッド着色すると、ワンクリックで色の変更や消去ができるようになって便利です。

最初に、浴室まわりのL字の壁を着色します。着色する範囲（閉図形）を囲む既存点をマウスクリックで指示していくので、Jw_cad特有の🖱(右)による読取点の指示機能を駆使します。

⑪ 浴室の壁で、まず左上柱の左上角を🖱(右)する。

⑫ 左下柱の左下角を🖱(右)する。

⑬ 同様に、順次、以下の位置を🖱(右)する。
　→右下柱の右下角
　→右下柱の右上角
　→左下柱の右上角
　→左上柱の右上角

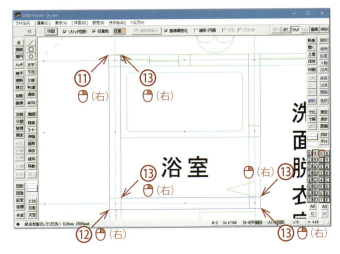

⑭ これで着色する範囲（閉図形）を構成するすべての頂点（角）を一周して指示したので、その状態でコントロールバー「作図」を🖱すると、設定されている任意色で壁の内部が着色される。

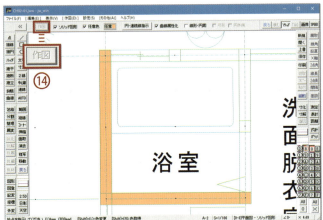

情報☞ Jw_cadの機能の特徴の1つに、🖱(右)による既存点の読み取り指示（読取点）があります。すでにかいてある特定の点から線をかき始めたりする場合にたいへん便利な指示方法です。作図中には、ステータスバー（⇒p.15）のメッセージに次の作図操作の概要が表示されますが、ここに「(R) Read」という表示がある時は、🖱(右)による既存点の読み取り指示ができるという意味になります。読取点には、線の端点、線と線の交点、線の屈折点、矩形の頂点、線と円の接点、文字の基準点などがあります。なお、作図ウィンドウ上の自由な位置（任意点「(L) free」）を指示する時は🖱します（詳細は「高校生から始めるJw_cad建築製図入門［Jw_cad8対応版］」）。

⑮ 🖱↗「全体」（両ドラッグ右上方向⇒p.32）を行って、いったん作図ウィンドウに用紙全体を表示させてから、🖱↘「拡大」（両ドラッグ右下方向）を行って、平面図の着色範囲を範囲指定して拡大表示させ、ほかの壁を順次着色する。

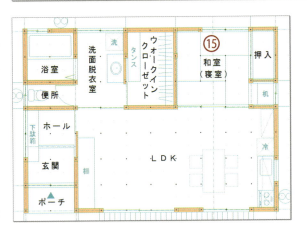

注意！ 右図のように、和室廻りの真壁と併用壁は、断面になる部分だけを着色してください。この場合、指示する頂点の数はかなり多くなります。

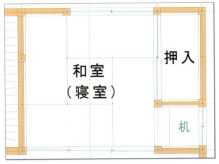

2.1.3 配置図の樹木の着色

引き続き、配置図にかかれた庭の樹木のように不明瞭な線で囲まれている（閉図形でない）図形を着色する工夫を紹介します。形状によっては無理ですが、ここでは上から見ると円形の樹木を配置しているので、樹木の周囲に補助線（印刷されない仮の目安線）で円をかき着色することで対処できます。なお、色設定、着色、画面ズーム操作などは前項と同様なので説明は省略します。

① 線属性バーを🖱して「線属性」ダイアログを開き、書込線の線属性（線色と線種）（⇒p.32）を「補助線色」と「補助線種」に変更する。

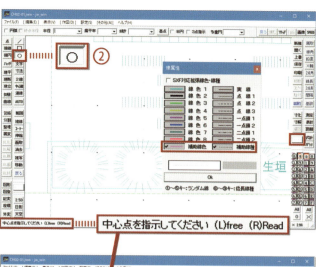

② 配置図の庭の樹木付近を拡大表示し、ツールバー「○」（メニューバー「作図」→「円弧」）を🖱する。

③ ステータスバーのメッセージを見ると円の中心点位置を指示する状態であることがわかるので、図のように画面をさらに拡大表示し、かかれている樹木の中心点になるおおよその位置を🖱する（任意点なので🖱⇒前ページ）。

④ ドラッグすると赤色の仮円が表示され、ステータスバーのメッセージを見ると円位置を指示する状態であることがわかるので、樹木の外形をおおう円周位置を🖱して円を確定させる。

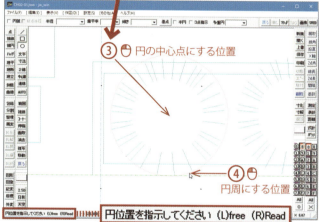

⑤ ツールバー「ソリッド」を🖱し、コントロールバー「曲線属性化」のチェックを確認する。

⑥ コントロールバー「円・連続線指示」を🖱して、円・連続線指示状態にする。

⑦ コントロールバー「任意■」を🖱する。

⑧ 「色の設定」ダイアログが開くので、緑系の色を選択し、「OK」を🖱する。

⑨ ステータスバーのメッセージに従い④でかいた円を🖱すると右下図のように着色される。

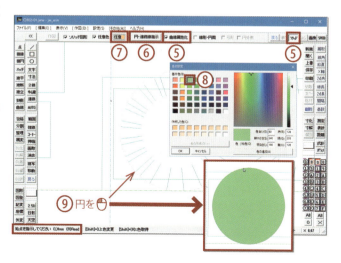

情報 ☞ 円のように頂点がない曲線閉図形の場合、⑥で、「円・連続線指示」状態（1回🖱する）にしてからソリッド図形を指示します。

注意！ ⑨で、誤って🖱（右）すると、着色はされても円は消えてしまいます。ただし、ここでは補助線色・補助線種（印刷されない仮の目安線）でかいているので、問題はありません。

⑩ 同様にして、ほかの樹木にも円をかいて、着色する。

> 情報☞ このような場合は、「図形複写」コマンドで円を複写することもできます（⇒p.61）。

⑪ コントロールバー「円・連続線指示」を🖱して、円・連続線指示状態を解除する。

> 注意！ 円・連続線指示状態を解除しないと、次項の色の変更や取得ができません。解除することで、ステータスバーの左に「始点を指示してください…・色変更…・色取得」が表示されます。

2.1.4 樹木の色の変更(1) 色の設定

前項に続けて、着色した樹木の一部は色に少し変化をつけ、表現力を高めます。

① コントロールバー「任意■」を🖱する。

② 「色の設定」ダイアログが開くので、緑系で少し違う色に変更し、「OK」を🖱する。

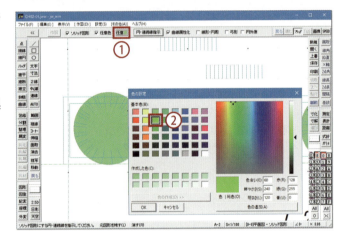

③ 「円・連続線指示」を解除するため再度🖱すると、ステータスバーには「始点を指示してください (L) free (R) Read ［Shift］+（L）：色変更 ［Shift］+（R）：色取得」と表示されているので、キーボードの「Shift」キーを押したまま色を変更したいソリッド（ここでは中央の樹木）を🖱すると、②で設定した色に変わる。

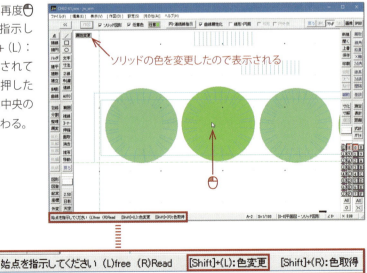

④ 同様にして、ほかの樹木の一部も色を変更する（適当でよい）。

2.1.5 樹木の色の変更(2) 色の取得

前項に続けて、着色済みの色を取得して、ほかの部分に適用（変更）する例を紹介します。任意で作成した微妙な色を別の場所に繰り返し適用する場合に便利な機能です。

① 配置図の左上部の3つの樹木付近を拡大表示する。

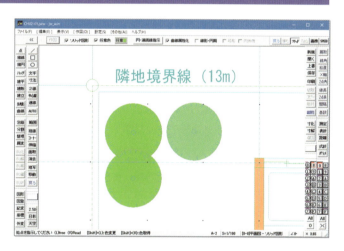

② ステータスバーには引き続き「始点を指示してください(L) free (R) Read ［Shift］+(L)：色変更 ［Shift］+(R)：色取得」と表示されているので、キーボードの「Shift」キーを押したまま色を取得したいソリッド（ここでは右の樹木）を🖱（右）すると、コントロールバー「任意■」の色が取得した色に変わる。

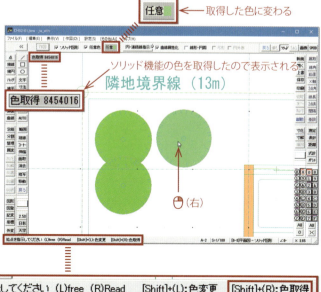

③ 「Shift」キーを押したまま色を適用（変更）したいソリッド（ここでは左下の樹木）を🖱すると、②で取得した右上の樹木の色に変更される。

同様にして、これまでに着色した平面図の壁の色も変更できます。

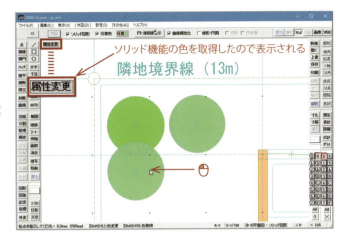

2.1.6 断面図の切断面の着色

前項と同様にして、断面図の切断面を着色します。

① 断面図が作図ウィンドウいっぱいになるように、画面表示を変更する（⇒p.32、34）。

② 断面図を書込レイヤにするため、2レイヤグループと3レイヤのボタンをどちらも🖱（右）して書込レイヤ（グループ）に切り替える。

情報☞ レイヤ（グループ）のボタンを🖱（右）すると、その番号のレイヤ（グループ）が書込レイヤ（グループ）に切り替わります。頻繁に行う操作なので必ず覚えてください。

③ ステータスバーの書込レイヤボタンの表示が、図のように変わったことを確認する。

④ 「線属性」ダイアログまたは線属性バーで、線属性を「補助線色」「補助線種」に設定する（⇒p.32、35）。

⑤ GL（地盤面）から下をソリッド着色するため、ツールバー「／」（メニューバー「作図」→「線」）を🖱し、コントロールバー「水平・垂直」にチェックを付け、図のように四角形の点線をかく（高さは適当でよい）。

情報☞ グリッド（作図位置の目安にする格子点2種）については「高校生から始めるJw_cad建築製図入門［Jw_cad8対応版］」を参照してください。

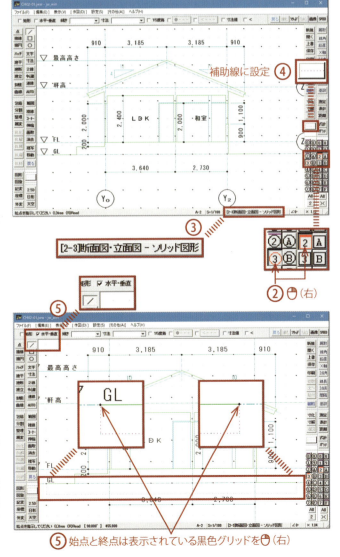

これより断面図を着色します。平面図の壁と同じ色で着色するので、まず、p.37で行った色の取得を行います。

⑥ ツールバー「ソリッド」を🖱し、コントロールバー「曲線属性化」のチェックを確認する。

⑦ 平面図の浴室付近を拡大表示し、「Shift」キーを押したまま色を取得したい壁内部（着色部分）を🖱（右）すると、コントロールバー「任意■」が「任意■」に変わる。

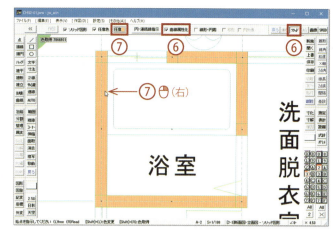

⑧ p.34で行った平面図の壁の着色と同様にして、まず、基礎および床部の切断面を構成する頂点を順番に🖱（右）で一周し、コントロールバー「作図」を🖱すると、着色される。

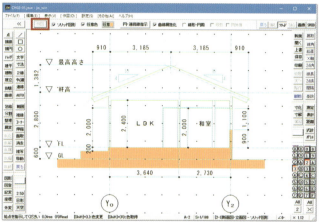

⑨ 屋根部の切断面の断面線は「線色3・実線」という同一の線属性で1本の連続線になっているので、コントロールバー「円・連続線指示」を🖱し、断面線の任意の線を🖱するだけで、図のように一発で着色される。

⑩ コントロールバー「円・連続線指示」を🖱して、円・連続線指示状態を解除する。

必要に応じて、ここまで作図してきた図面ファイルを別の名前を付けて保存してください（ツールバー「保存」またはメニューバー「ファイル」→「名前を付けて保存」）。ただし、同じ図面ファイルを付録CDの「練習用データ」フォルダ→「CH02」フォルダに「CH02-01A.jww」として収録してあるので、実際には保存作業は省略できます。
これ以降も同様で、作図段階に応じた練習用データを用意してあるので、それを利用する場合は保存の必要はありません。

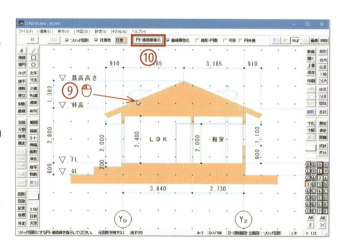

CD-ROM　CH02-01A.jww

One Point

閉図形の内部を着色しない方法（1）

例として、半径2000の円をかいておき、それを右下図の円環ソリッド（ドーナツ状）に着色する方法を紹介します。

① ツールバー「ソリッド」を🖱し、コントロールバー「曲線属性化」にチェックを付ける。

② コントロールバー「円・連続線指示」を🖱（右）して円環ソリッドモードにする。

③ 半径2000の外周円を🖱する。

④ 「数値入力」ダイアログが開くので、ここでは「1000」をキー入力する。

⑤ 「OK」を🖱する。

以上で、図のように着色されます。

右図ではわかりやすくするために内側の円もかいてある

閉図形の内部を着色しない方法（2）

半径2000と1000の同心円をかいておき、半径2000の円を緑色に、半径1000の円を白色に着色することで、円環ソリッドに見せる方法です。

① ツールバー「ソリッド」を🖱し、コントロールバー「曲線属性化」にチェックを付け、コントロールバー「円・連続線指示」を🖱する。

② 半径2000の外周円を🖱する。

③ 「色の設定」ダイアログでコントロールバー「任意■」を「任意□」に変える。

④ 半径1000の内周円を🖱する。

この方法ならば、円環ソリッドだけでなく、あらゆる形状の図形に応用可能です。

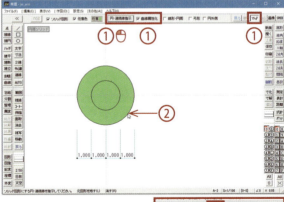

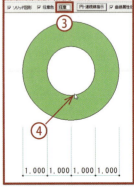

注意！ 着色すると線がなくなったように見えるのは、画面の書き替えの影響です。画面を少し動かすと見えるようになります。

2.2 手描き風の線の作図

Jw_cadに用意されている線属性の線種から5種類のランダム線を利用することで、作図した線を手描き風表現にできます。上段の図はランダム線の種類です。下段の図は図面の線をランダム線に変更した例です。

ランダム線の種類

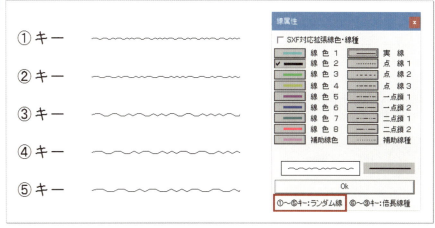

ランダム線への変更例

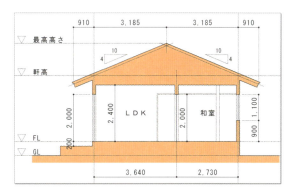

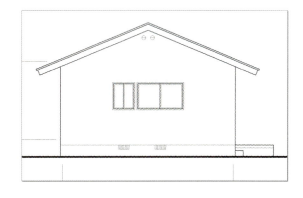

2.2.1 Jw_cad図面の練習用データを開く

ここでの練習用データは付録CDに収録した「CH02-02.jww」です。p.30と同様の要領で開いてください。なお、この図面ファイルは2.1節での作図を終えた「CH02-01A.jww」と同じ内容なので、どちらを利用してもかまいません。

① 付録CDの「練習用データ」フォルダ→「CH02」フォルダにある「CH02-02.jww」をパソコン上の適当な場所にコピーして保存し、それをして開く。

CD-ROM　CH02-02.jww

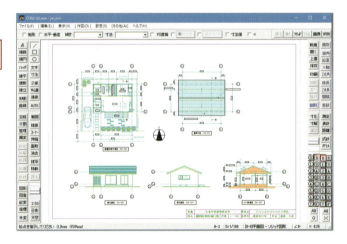

2.2.2 図面全体を一括して手描き風に変更

作図済みの線はあとからでも線属性を変更できるので、ここではその機能を利用して、図面全体の線を一括して手描き風の線に変更します。

① ツールバー「範囲」（メニューバー「編集」→「範囲選択」）を🖱する。

② 配置図兼平面図の左上余白付近を🖱して、矩形範囲選択の始点とする。

③ マウスポインタを右下方向に移動すると赤色の仮枠が表示されるので、そのままA-A断面図の右下余白付近まで移動して矩形範囲選択の終点（対角点）とし、🖱（右）する。

矩形範囲選択の枠内にあるデータがすべて選択され、紫色の選択色に変わります。

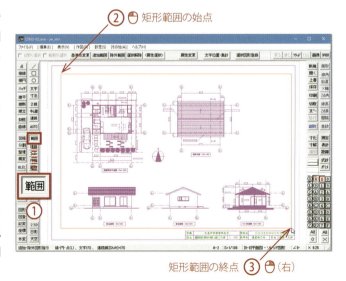

情報☞ 矩形範囲選択の終点を🖱して確定すると範囲内の文字だけが除外されます。🖱（右）して確定すると文字も含めてすべてのデータが選択されます。

④ コントロールバー「属性変更」を🖱️する。

⑤ 属性変更のダイアログが開くので、「指定 線種 に変更」にチェックを付ける。

⑥ 「線属性」ダイアログが開くので、ここでキーボードから数字キーの1〜5(ランダム線の種類①〜⑤に対応)のうち、好みの数字キーを押す(ここでは「1」)。

⑦ 「Ok」を🖱️して「線属性」ダイアログを閉じ、さらに属性変更のダイアログの「OK」を🖱️して閉じる。

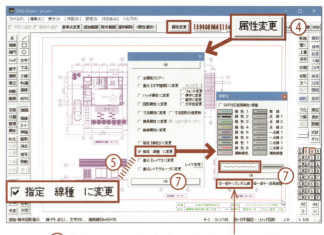

⑥ 数字キー(1〜5)を押すと「線属性」ダイアログ左下にあるランダム線の見本が切り替わるのがわかる

作図ウィンドウに戻り、図のように線がすべて手描き風になります(文字や数字、点などは変わりません)。

必要に応じて、ここまで作図してきた図面ファイルを別の名前を付けて保存してください。同じ図面ファイルは付録CDの「練習用データ」フォルダ→「CH02」フォルダに「CH02-02A.jww」として収録してあります。

 CH02-02A.jww

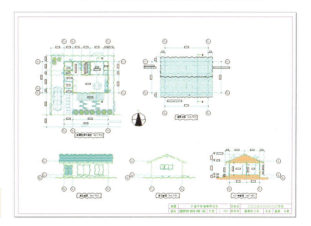

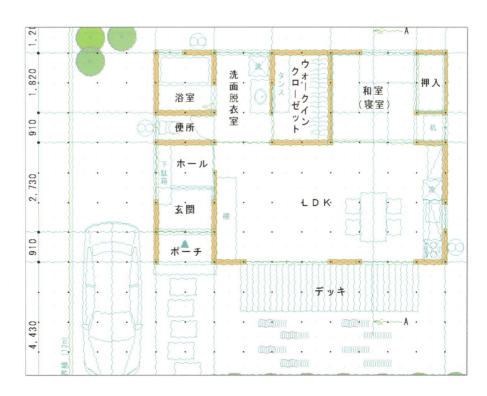

2.3 外部変形によるグラデーション着色

2.1節で学習したように、Jw_cadではソリッド機能で指定した範囲を単色で着色することは可能ですが、明るさや色彩の変化をつけたグラデーション着色をすることはできません。そこで、ここではグラデーション着色ができるフリーの外部変形プログラム「Gradation_Solid」(kaname氏・作)を使用して、図面にグラデーション着色を施す方法を説明します。

▼ Gradation_Solidについて

正式名称、本書執筆時点でのバージョン	Gradation_Solid Ver1.11a
作　者	kaname
価　格	フリーウェアなので無料。個人で非営利に使用する場合に限る
ファイルの入手先	付録CDに収録

▼ グラデーション着色の完成例

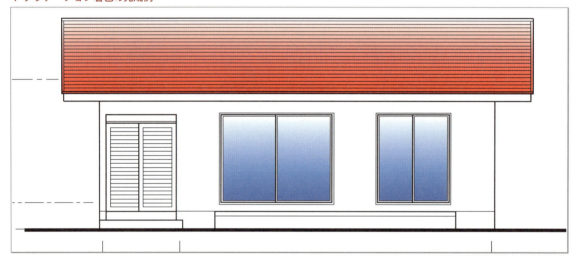

情報 外部変形とは、Jw_cadのオリジナル機能ではできないことを外部プログラムを組み込むことでできるようにする拡張機能です。標準で日影計算と三斜計算が組み込まれていますが、ほかにも多くの方が製作した外部変形プログラムがWeb上などで公開されており、利用することができます。

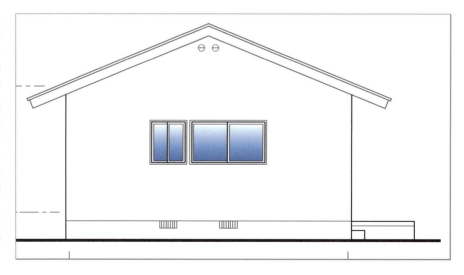

2.3.1 Gradation_Solidのインストール

付録CDに収録した「Gradation_Solid」をパソコン（ハードディスク）にインストールして、使えるようにします。

① 付録CDに収録した「使用ソフト」フォルダ内の「Gs111a」フォルダを、パソコン（ハードディスク）のCドライブの「jww」フォルダ内にフォルダごとコピー＆貼り付けして保存する。これでインストールは完了する。

付録CD内のデータの読み込み方 ⇒ p.12 ①

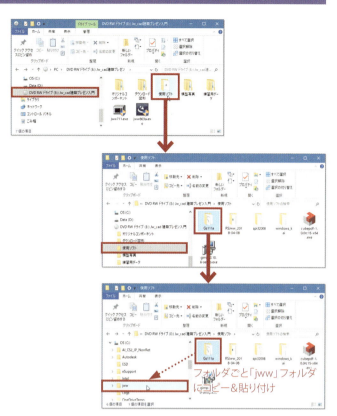

② 「jww」フォルダ内に、「Gs111a」フォルダ内の4つのファイルがインストール（保存）されたことを確認する。

「Gs111a」フォルダ内のファイル

2.3.2 Jw_cad図面の練習用データを開き、Gradation_Solidを使う

ここでの練習用データは付録CDに収録した「CH02-03.jww」（または2.2節での作図を終えた「CH02-02A.jww」）です。

① 付録CDの「練習用データ」フォルダ→「CH02」フォルダにある「CH02-03.jww」をパソコン上の適当な場所にコピーしてから、🖱🖱して開く。

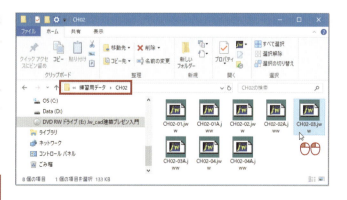

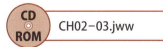
CH02-03.jww

外部変形プログラム「Gradation_Solid」を使って、立面図の窓と屋根にグラデーション着色する例を紹介します。

② 南立面図を拡大表示し、ツールバー「外変」(メニューバー「その他」→「外部変形」)を🖱する。

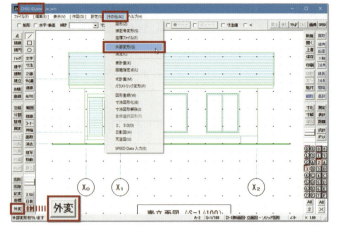

③ 「ファイル選択」ダイアログが開くので、左部のフォルダツリーでCドライブの「jww」フォルダ→「Gs111a」フォルダを🖱して開く。

④ ダイアログ右部の「Gradation_Solid.bat」を🖱🖱して読み込む。

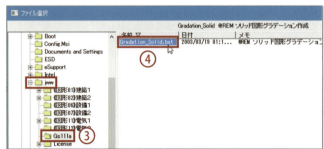

⑤ コントロールバー「2線指示」を🖱する。

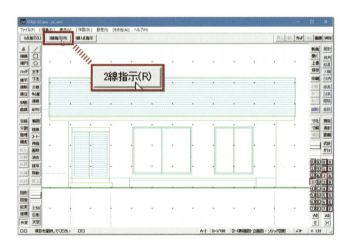

⑥ コントロールバーに「グラデーション基準線を指示」と表示されることを確認し(画面省略)、作図する位置の線が細かいので図のように拡大表示する。

⑦ 中央の窓のガラス下辺の線上を🖱し、コントロールバーに「グラデーションの終了線を指示」と表示されることを確認する。

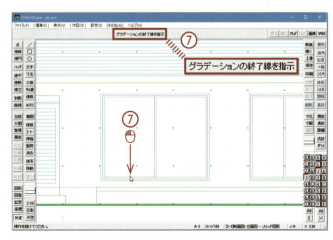

⑧ 中央の窓のガラス上辺の線上を🖱する。

グラデーション色などを設定する「Gradation_Solid」ダイアログが開くので、ここでは、新しいカラーパターンを登録します。

⑨ 「Gradation_Solid」ダイアログが開くので、「パターン名」欄の空白部を🖱🖱し、「窓ガラス」とキー入力する。

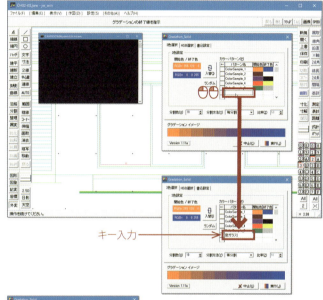

⑩ 続けて、「開始色」欄の空白部を🖱する。

⑪ 「色の設定」ダイアログが開くので、濃い水色を🖱して選択し、「OK」を🖱する。

⑫ 「Gradation_Solid」ダイアログに戻るので、「開始色」欄の「窓ガラス」の右が選択した濃い水色に着色されていることを確認する。

なお、終了色の白も同様に設定しますが、ここでは初期設定の空白のままで設定を省きます。グラデーションをかけるJw_cad図面上の図形の背景が白ければ、見た目は同じなためです。

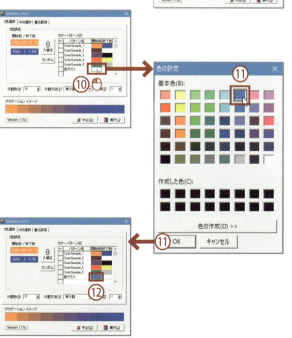

⑬ 次に、⑨で入力した「窓ガラス」左側のボタンを🖱🖱する。

⑭ ダイアログ下部の「グラデーションイメージ」の色見本が、左から右へ濃い水色から白色のグラデーションに変わることを確認する。

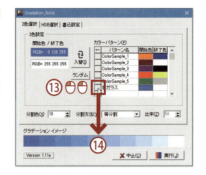

⑮ グラデーションの変化率が粗いので、「分割色」ボックスの「10」を「50」に変更する（キー入力による数字変更）。

⑯ 「グラデーションイメージ」の色見本が、以前よりも細かく分割され、変化が滑らかに見えるようになったことを確認し、「実行」を🖱する。

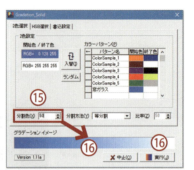

ダイアログが閉じてJw_cadの作図ウィンドウに戻り、図のように窓ガラスがグラデーション着色されます。

⑰ 同様にして、ほかの窓にも同じグラデーション着色するので、コントロールバー「再実行」を🖱し、「2線指示」を🖱する。

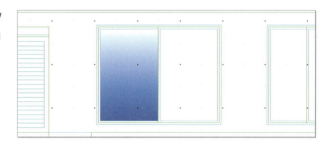

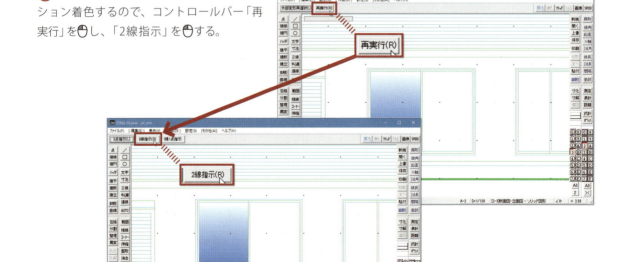

⑱ p.46の⑤からp.47の⑧を、ほかの着色部分で繰り返して、「Gradation_Solid」ダイアログの「実行」を🖱する。

⑲ 同様に繰り返して、残りの窓と西立面図のすべての窓をグラデーション着色する。

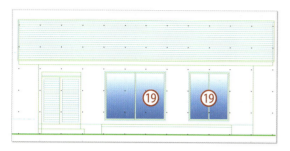
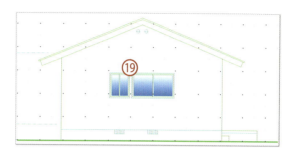

⑳ 同様にして、南立面図の屋根を、「パターン名」を「屋根」として、赤色から白色のグラデーションを新しく作り、着色する。

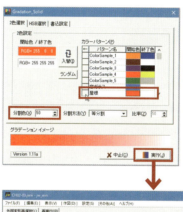

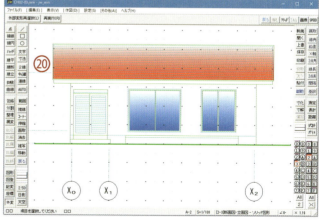

必要に応じて、ここまで作図してきた図面ファイルを別の名前を付けて保存してください。同じ図面ファイルは付録CDの「練習用データ」フォルダ→「CH02」フォルダに「CH02-03A.jww」として収録してあります。

CH02-03A.jww

2.4 図形データをダウンロードして図面に貼り付け

Jw_cadにはあらかじめ数多くの図形データが用意されていますが、プレゼン図面の表現力を高めるには十分ではありません。そこで、インターネットでフリーで公開・使用許可されている図形データを入手し、それを図面に貼り付ける方法を紹介します。

2.4.1 フリーの図形データの利用方法

ここでは、本書執筆時点でインターネットの「ハルス設計」のホームページに公開されていたフリーのJw_cad用図形データを入手して使用します。本書では、必要な図形データを付録CDに収録しています。付録CDの「ダウンロード図形」フォルダ内の「インテリア」「車」フォルダを「jww」フォルダにコピーします。

▼ Jw_cad用シンボル図形（.jwk）について

正式名称、本書執筆時点でのバージョン	Jw用シンボル図形（.jwk）　「インテリア関連図形」「車関連図形」
作者	ハルス設計 http://park3.wakwak.com/~harusu/jwk/jwkframepage.htm
価格	フリーウェアなので無料。個人で非営利に使用する場合に限る
ファイルの入手先	付録CDに収録

2.4.2 フリーの図形データのインストール（コピー）

付録CDに収録した「ダウンロード図形」をパソコン（ハードディスク）にインストールして、使えるようにします。

① 付録CDに収録した「ダウンロード図形」フォルダ内の「インテリア」フォルダと「車」フォルダを、パソコン（ハードディスク）のCドライブの「jww」フォルダ内に、フォルダごとコピー＆貼り付けして保存する。

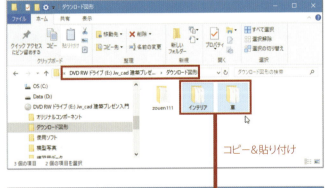

② 「jww」フォルダ内に、「インテリア」フォルダと「車」フォルダがインストール（保存）されたことを確認する。

以上で、インストールは完了する。

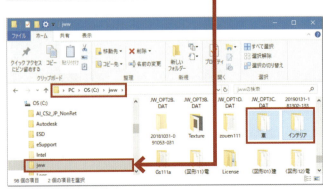

2.4.3　Jw_cad図面の練習用データを開き、図形を貼り付け

ここでの練習用データは付録CDに収録した「CH02-04.jww」（または2.3節での作図を終えた「CH02-03A.jww」）です。

① 付録CDの「練習用データ」フォルダ→「CH02」フォルダにある「CH02-04.jww」をパソコン上の適当な場所にコピーしてから、🖱🖱して開く。

　CH02-04.jww

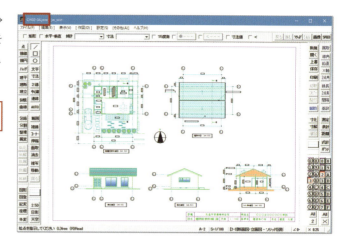

平面図の室内にソファーの図形データを貼り付けます。

② ツールバー「線属性」または線属性バーを🖱して「線属性」ダイアログを開き、これからかく書込線の線属性を「線色1」「点線1」に設定する（⇒p.32）。

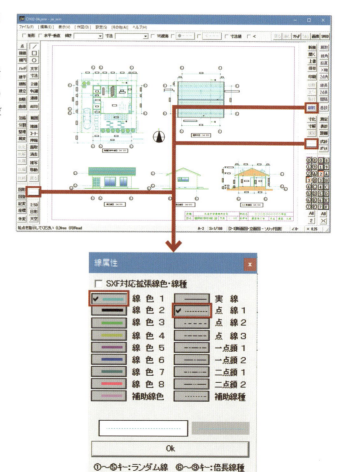

③ ツールバー「図形」(メニューバー「その他」→「図形」)を🖱する。

④ 「ファイル選択」ダイアログが開くので、左部のフォルダツリーで、Cドライブの「jww」フォルダ内の「インテリア」フォルダを🖱する。

⑤ ダイアログ上部の「.jws」ボックス右の▼を🖱し、開くメニューから「.jwk」を🖱して変更すると、インテリア関係の図形が多数表示される。

情報 ☞ フォルダ内の図形が全部は表示しきれない場合はウィンドウ右端にスクロールバーが表示されるので、これを操作して検索します。

⑥ ダイアログ右部の図形一覧から「ソファ-L平」の枠内を🖱🖱して読み込む。

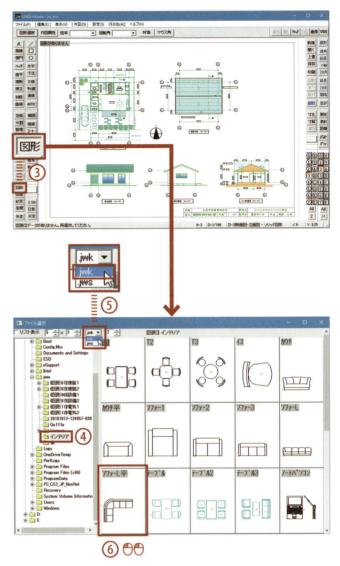

情報 ☞ **図形データ「.jwk」と「.jws」の違い**
jwkやjwsはJw_cad用図形データの末尾に付く拡張子です。
- jwkはDOS版(旧版) JW_CAD (図面ファイル「.JWC」) 用図形データ「.JWK」形式を継承 (現行版への互換性あり)。jwsはWindows版 (現行版) Jw_cad (図面ファイル「.jww」) 用図形データ。
- jwsでの図形登録は、jwwファイルに対応し、線色と補助線色、ソリッド機能、フォントなどの情報が図形登録しても有効で、倍精度 (jww) と単精度 (JWC) による寸法数値の誤差はない。
jwkでの図形登録は、DOS版のJWK形式を継承しているので、DOS版にない「線色」は無効。

ここでは、付録CDに収録したフリーの図形データがjwk形式なので、対応する拡張子を「.jws」から「.jwk」に変更します。

⑦ コントロールバー「作図属性」を🖱する。

⑧ 「作図属性設定」ダイアログが開くので、「●書込み【線色】で作図」と「●書込み 線種で作図」にチェックを付ける。

⑨ 「Ok」を🖱する（作図ウィンドウ左上部に「●書込線色で作図●書込線種で作図」と表示される。次の図を参照）。

これで、図形データの属性を図面ファイルの現在の書込線の属性に合わせて貼り付けられます。

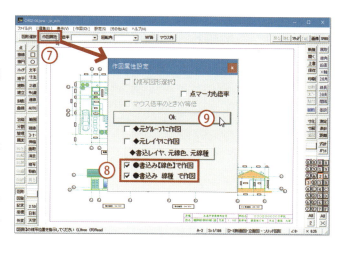

⑩ 作図ウィンドウに戻り、赤色の仮のソファーが表示されるので、平面図のLDK付近を拡大表示してから、コントロールバー「90°毎」を3回🖱する（ソファーが反時計回りに270°回転する）。

⑪ 図のような位置で🖱すると確定して、線属性「線色1」「点線1」のソファーが貼り付けられる。

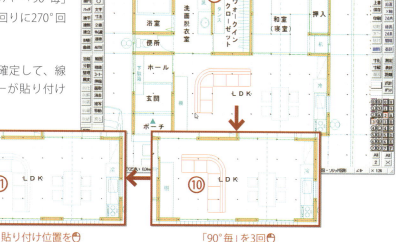

貼り付け位置を🖱　　　　　「90°毎」を3回🖱

この図面ファイルを付録CDの「練習用データ」フォルダ→「CH02」フォルダに「CH02-04A.jww」として収録してあります。

CH02-04A.jww

次に、「車」フォルダ内の図形データを確認します。

⑫ 別の図形を読み込むので、コントロールバー「図形選択」を🖱する。

⑬ 「ファイル選択」ダイアログが開くので、図形データ形式は「.jwk」のまま、Cドライブの「jww」フォルダ→「車」フォルダを🖱して、確認する（「車」フォルダは確認のみとする）。

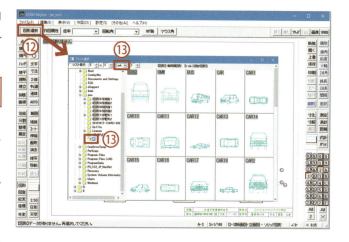

2.4.4 フリーの樹木図形データの入手方法とインストール

ここでは作図に使用しませんが、今後の参考に、本書執筆時点でインターネットの「高木設備設計」のホームページに公開されていたフリーのJw_cad用樹木図形データの入手方法と活用方法を説明します。

▼ 樹木図形について

正式名称、本書執筆時点でのバージョン	樹木図形45
作　者	テノリオ
価　格	フリーウェアなので無料。個人で非営利に使用する場合に限る
ファイルの入手先	Vector　http://www.vector.co.jp/soft/cmt/win95/business/se338442.html 付録CDに収録
ファイル名	zouen111.lzh

① インターネットに接続し、任意の検索サイトにアクセスしたら、「jww樹木図形」のキーワードで検索する。

② 図のような検索結果の画面で、「樹木図形についてのコメント：Vectorソフトを探す！」を🖱する。

これまでと同様の方法でダウンロードを行います（詳細は省略）。

③ 開くページ（画面省略）で、「ダウンロードページへ」を🖱する。

④ さらに切り替わるページで、「このソフトを今すぐダウンロード」を🖱する。このあとも、順次表示される指示に従って、ダウンロード操作を続ける。

⑤ Windowsのエクスプローラなどを使い、ダウンロードした「zouen111.lzh」を🖱🖱して展開すると、デスクトップに「zouen111」フォルダが作成されるので、それをフォルダごとCドライブの「jww」フォルダに移動する。

情報☞ 「lzh」ファイルの復元（展開）ができない場合は、付録CDの「ダウンロード図形」フォルダ内に「zouen111」フォルダを収録してあるので、これを「jww」フォルダにコピー（⇒p.50）して利用してください。

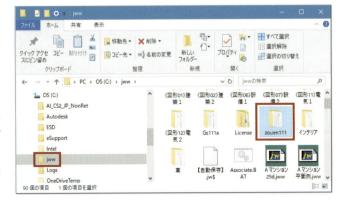

⑥ Jw_cadを起動して、ツールバー「図形」を🖱し、「ファイル選択」ダイアログを開く。

⑦ ダイアログ左部のフォルダツリーで、Cドライブの「jww」フォルダ内の「zouen111」フォルダ左の⊞部分を🖱し⊟に変える（結果は次の図を参照）。

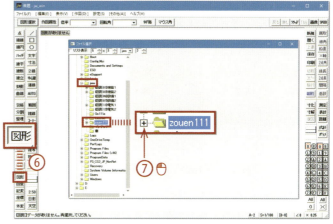

⑧ 図のように「ZUKEI_1_」など9個のフォルダが表示されるので、図形データ形式が「.jwk」（旧版のJW_CAD用図形データ形式）になっていることを確認する（なっていない場合は変更する）。

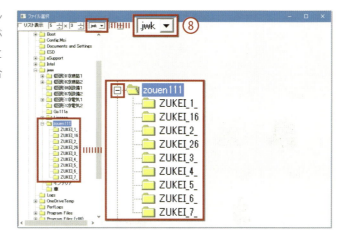

⑨ 「ZUKEI_1_」を🖱すると、左下図のように平面の樹木図形データが表示される。

⑩ 同様に、ほかのフォルダも🖱して、樹木図形データを確認する。

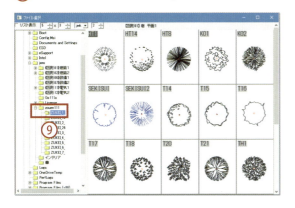
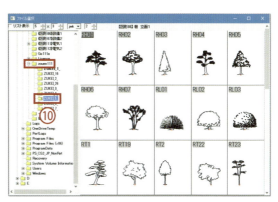

以上の方法などで図形データを増やせば、プレゼン図面の表現力を高めることが期待できます。

【フリーの樹木図形データ「樹木図形45」について】

p.54～で紹介したフリーの樹木図形データ「樹木図形45」（テノリオ作）について補足します。

p.55で掲載した以外の樹木図形データ一覧（平面と立面の抜粋）

0001	0002	0003	0004	H0001	H0001	H001	HJ07	HJ09	HJ12
H0002	H0003	H0005	H0006	H0007	J01	J02	J03	J04	J06
H0008	H0009	H0010	H0011	H0012	J08	J10	J11	J13	J14
R01A	R01B	R02A	R02B	R03A	J00	O000	EE-1	EE-10	EE-11
R03B	R05A	R05B	R06A	R06B	EE-12	EE-13	EE-14	EE-15	EE-16
R07A	R08A	RJ010B	RJ01A	RJ01B	EE-3	EE-4	EE-5	EE-6	EE-7

ダウンロード先のページは「高木設備設計」のホームページからもたどれる

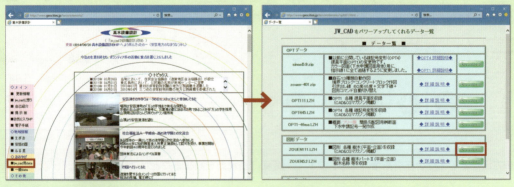

ページ左部の「おみやげ」の「jw_cad用data」を🖱

「データ一覧」ページが開くので「ZOUEN111.LZH」の「Download」を🖱すると、p.54中段に掲載した「Vector」のダウンロードページにジャンプする

CHAPTER 3

Jw_cad図面から建築模型を製作

Jw_cadで作図した図面を基に型紙用図面を作図し、それを印刷して型紙とし、実際の建築模型を製作する過程を説明します。建築模型を写真に撮影し、写真画像をJw_cad図面に貼り付ける準備も済ませます。

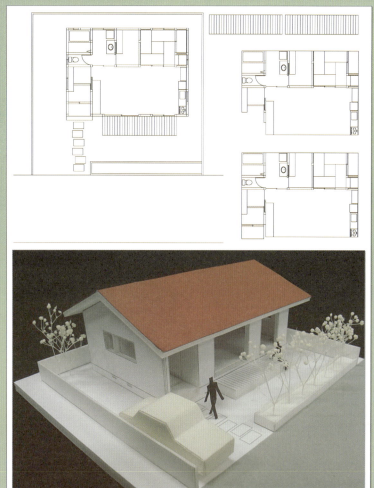

建築模型の型紙用図面（一部）と建築模型の完成例

3.1 敷地と床の型紙用図面の作図

まず、敷地と床の型紙用の図面をJw_cadで作図します。ここでは縮尺1/100の建築模型を製作することを前提に説明します。

▼ 敷地と床の型紙を作成する際の注意点

1	地盤面（GL）から床面（FL）までの高さを600mmとし、200mm刻みで3段階の高さにする。そのため、床に使用するスチレンボードの実際の厚みを2mmとし、以下の3種類の床の型紙を作成し、重ねる。 ・GL＋200：ポーチの階段 ・GL＋400：ポーチおよび玄関 ・GL＋600：内部床全般
2	建築模型の見栄えを考慮して外壁は壁勝ちとするため、平面図の外壁部は型紙から削除する。
3	平面図にかかれている余計な線や文字は削除する。

3.1.1 Jw_cad図面の練習用データを開く

ここでの練習用データは付録CDに収録した「CH03-01.jww」です。これまでと同様にして開いてください。この図面も姉妹書「高校生から始めるJw_cad建築製図入門［Jw_cad8対応版］」で作図した図面です（図面の作図手順は当該書を参照）。ただし、北立面図および東立面図は、本書での作図のために、新たに追加しました。

① 付録CDの「練習用データ」フォルダ→「CH03」フォルダにある「CH03-01.jww」をパソコン上の適当な場所にコピーしてから、🖱🖱して開く。

CD-ROM　CH03-01.jww

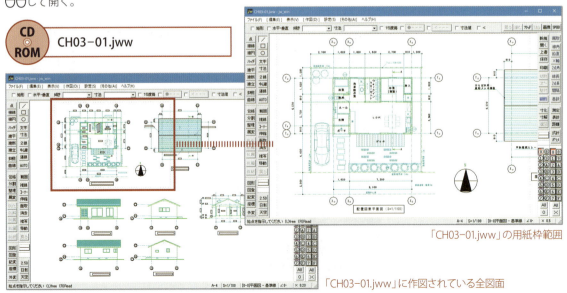

「CH03-01.jww」の用紙枠範囲

「CH03-01.jww」に作図されている全図面

3.1.2 敷地の型紙用図面の作図

配置図兼平面図を拡大表示（⇒p.32）し、型紙に不要な図面名、室名、基準線・記号、寸法、諸記号などを消去します。

① ツールバー「消去」（メニューバー「編集」→「消去」）を🖱する。

② この状態で対象とするデータ（文字や記号）を個別に🖱（右）すれば消去されるが、複数のデータをまとめて消去する場合は、コントロールバー「範囲選択消去」を🖱し、対象とするデータを矩形範囲選択し、コントロールバー「選択確定」を🖱する。下図の結果を参考にして、効率的に消去する。

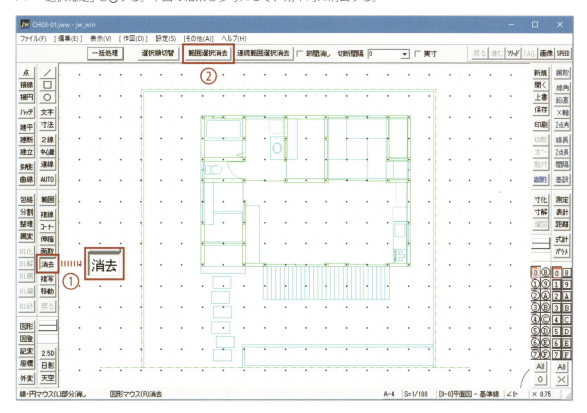

この図面ファイルを付録CDの「練習用データ」フォルダ→「CH03」フォルダに「CH03-01-syoukyo.jww」として収録してあります。消去がうまくできない場合などにご利用ください。

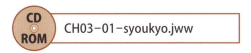

CH03-01-syoukyo.jww

このあとの操作を行いやすくするため、残したデータの線色と線種を統一します。

③ 線属性を「線色1」「実線」に設定する。

④ ツールバー「範囲」(メニューバー「編集」→「範囲選択」)を🖱する。

⑤ 図のように矩形範囲選択する。文字を含まないので、終点指示は🖱でよい(⇒p.42)。

⑥ コントロールバー「属性変更」を🖱し、属性変更のダイアログが開くので、「指定【線色】に変更」にチェックを付ける。

⑦ 「線属性」ダイアログが開くので、線色が「線色1」になっていることを確認し、「Ok」を🖱してダイアログを閉じる。

⑧ 属性変更のダイアログに戻るので、今度は「指定 線種 に変更」にチェックを付ける。

⑨ 「線属性」ダイアログが開くので、線種が「実線」になっていることを確認し、「Ok」を🖱してダイアログを閉じ、属性変更のダイアログに戻るので「OK」を🖱してダイアログを閉じる。

以上で、図のように、配置図兼平面図のすべての線が「線色1」「実線」に統一されます。

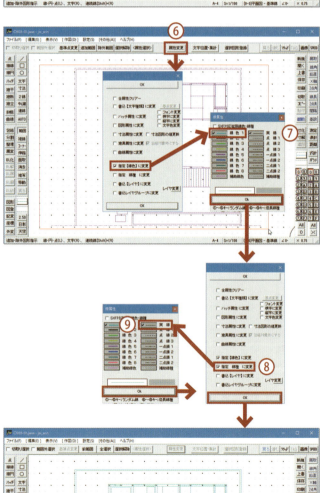

引き続き、敷地の下部に道路幅（5000mm）を表す水平線をかきます。作図済みの線を平行に複写する機能である「複線」コマンドを使います。ステータスバーのメッセージを参照してかき進めてください。

⑩ ツールバー「複線」（メニューバー「編集」→「複線」）を🖱する。

⑪ ステータスバーのメッセージ「複線にする図形を選択してください　マウス（L）…」に従い、複線する敷地線の下辺（＝道路境界線）を🖱で選択する。

⑫ 敷地線の下辺が選択色に変わるので、コントロールバー「複線間隔」に「5000」をキー入力する。

⑬ 複線先に赤色の仮線が表示されるが、複線先は必ず2通りあるので、複線する方（ここでは下の方）にマウスポインタを移動して🖱し、複線を確定する。

以上で、敷地の型紙の目安線にする図面が完成です。

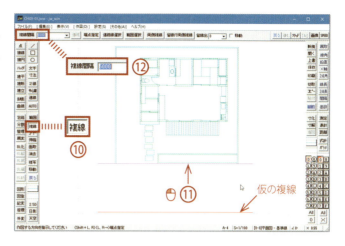

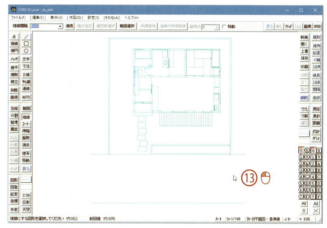

3.1.3　床の型紙用図面の作図

床の型紙は高さに応じて3種類作成します。操作しやすいように、前項で扱った図面のうちの平面図部分だけを左側の余白に複写します。「図形複写」コマンドを使います。

① ツールバー「複写」（メニューバー「編集」→「図形複写」）を🖱する。

② 図のように矩形範囲選択する。文字を含まないので、終点指示は🖱でよい。

③ 玄関下方の踏石が選択されてしまう場合は、続けてコントロールバー「除外範囲」を🖱し、踏石を矩形範囲選択することで除外する。

④ 選択範囲が決まったら、コントロールバー「選択確定」を🖱する。

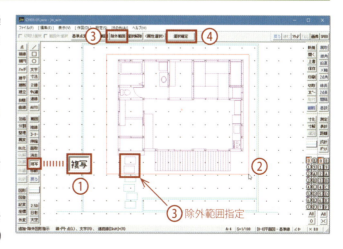

⑤ 赤色の仮の複写図形（④で選択した部分）が表示されるので、図のような左側の余白部分にマウスポインタを移動して、🖱して確定する。

情報☞ ここでは水平方向に複写しています。これは、前ページで選択確定後、コントロールバー「任意方向」を🖱して「X方向」に切り替えると（画面は次ページ中段の図を参照）、仮の複写図形が水平方向にだけ移動するようになります。

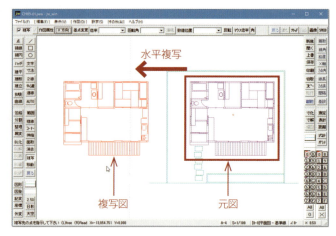

複写した図を使い、「消去」コマンドで外壁線を消去し、「図形移動」コマンドでデッキを建物本体から分離独立させます。デッキの分離によって途切れた線は、「コーナー」コマンドでつなげます。

⑥ 「消去」コマンドの🖱（右）（⇒p.59）で、建物外周の外壁線を地道に1本ずつ消去する。

⑦ 図のように、外壁および開口部の線を消去すると、南向き掃き出し窓（東西2カ所）の線もなくなるので、ツールバー「コーナー」（メニューバー「編集」→「コーナー処理」）を🖱し、途切れている対象線と対象線を順次🖱し、つなぐ（東西2カ所、⇒p.64の図A）。

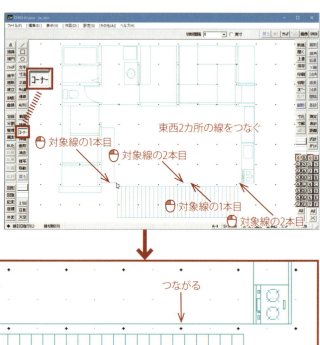

⑧ ツールバー「移動」(メニューバー「編集」→「図形移動」)を🖱し、デッキ全体を少し下に移動し、建物本体から図のように離す。

注意! 「図形移動」コマンドの操作方法は、前ページの「図形複写」コマンドと同じです（結果が移動と複写で異なるだけ）。

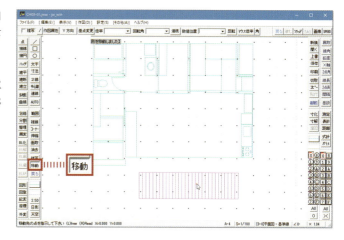

⑨ 「図形複写」コマンド（⇒p.61）で、図のように、床とデッキ全体を左側余白に水平に複写する。

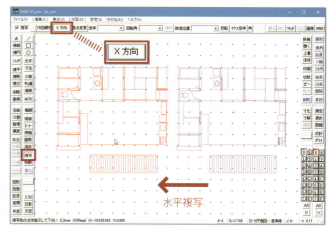

⑩ 複写した図を使い、「消去」コマンドの🖱(右)で、ポーチの外部アプローチ部分の不要な5本の線を消去する（⇒p.64の図B）。

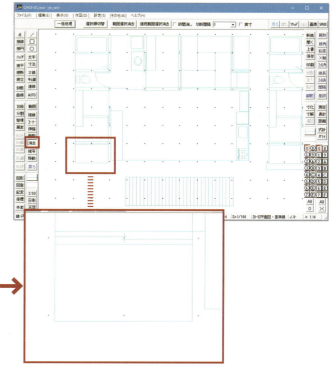

⑪ ⑨と同様に、床だけを左側余白に水平に複写する。

⑫ 複写した図を使い、⑩と同様に、玄関部分を図のように消去する(⇒下段の図C)。

⑬ ここまで作図してきた敷地と床の型紙用図面を、本図面で設定されているA4用紙横置きで印刷できるよう、下段の図のように、図A～Cおよびデッキを適当に移動し、配置する。

この図面ファイルを付録CDの「練習用データ」フォルダ→「CH03」フォルダに「CH03-01A.jww」として収録してあります。

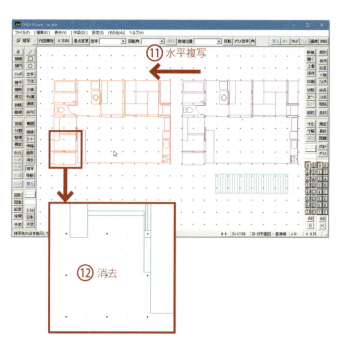

 CH03-01A.jww

敷地と床の型紙用図面部分は、p.73「3.4 型紙用図面を印刷して建築模型を製作」で実際の型紙として印刷します。

敷地と床の型紙用図面の完成例：図面ファイル「CH03-01A.jww」の用紙枠範囲

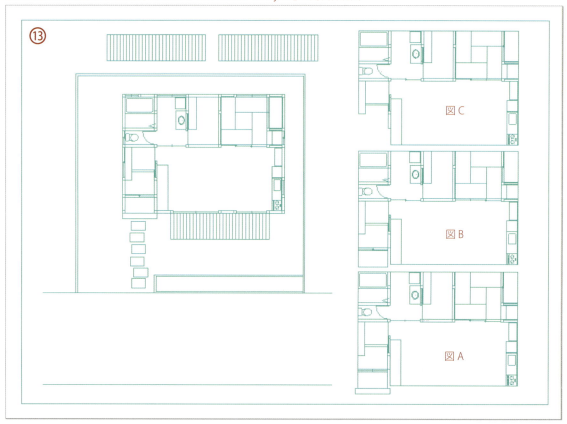

3.2 壁の型紙用図面の作図

前項に引き続き、壁の型紙用の図面を作図します。

▼ 壁の型紙用図面を作図する際の注意点

1. 外壁の型紙は、東西南北の立面図を利用し、地盤面（GL）からとする。
2. 屋根は別に作成するので、立面図から屋根を削除して外壁の型紙を作成する。
3. 内壁の型紙は、平面図で位置を確認し、床面（FL）から天井までとする。
4. 開口部は建具の種類に関係なく、くり抜く。

外壁の型紙用図面は、以下の平面図と外壁型紙の関係図を参考にしながら、立面図を基に作成します。

平面図と外壁型紙の関係図

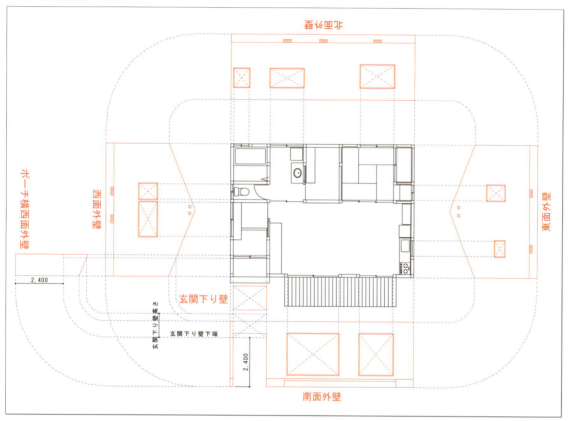

3.2.1 Jw_cad図面の練習用データを開き、外壁の型紙用図面を作図

ここでの練習用データは付録CDに収録した「CH03-02.jww」(または3.1節での作図を終えた「CH03-01A.jww」)です。

① 付録CDの「練習用データ」フォルダ→「CH03」フォルダにある「CH03-02.jww」をパソコン上の適当な場所にコピーしてから、🖱🖱して開く。

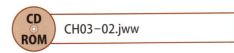
CH03-02.jww

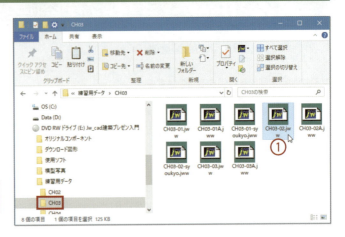

② 両ドラッグによる画面ズーム機能(⇒p.32)を使って作図ウィンドウに4つの立面図が表示されるようにしてから、「消去」コマンドで、図のように、建築模型には不要な立面図の基準線、基準記号、建具の細かい線、屋根の線、GLの延長線などを消去する。

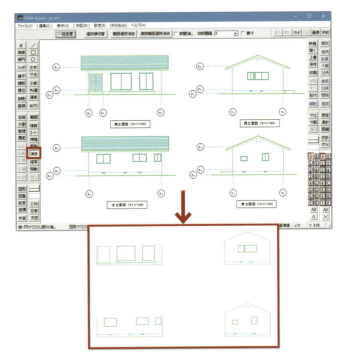

南北立面図の壁上線がなくなっているので、線をかき加えます。

③ 「／」(線)コマンドでコントロールバー「水平・垂直」にチェックを付けて、図のように、西面外壁と東面外壁の屋根が取り付く最下部から、南面外壁と北面外壁の上部の方に、それぞれ水平線をかく。

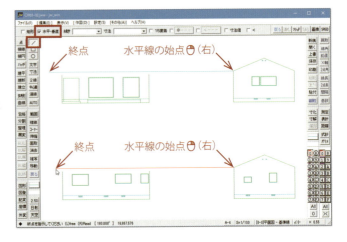

③で作図した水平線は外壁の垂直線と少し離れているので、それらの線を結合して直交させます。

④ ツールバー「コーナー」(メニューバー「編集」→「コーナー処理」)(⇒p.62)を🖱する。

⑤ 図のように線上を順次🖱し、コーナー処理をする。南北立面図の両方とも同様に直交させる。

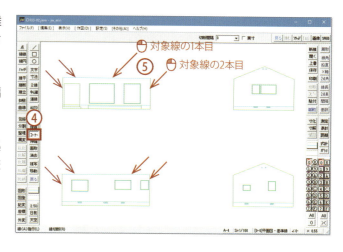

⑥ 「範囲」コマンド(⇒p.42)で4つの型紙用の図をまとめて選択してから、コントロールバー「属性変更」を🖱する。

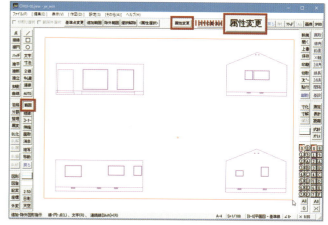

⑦ 属性変更のダイアログが開くので、「指定【線色】に変更」にチェックを付ける。

⑧ 「線属性」ダイアログが開くので、「線色1」になっていることを確認し、「Ok」を🖱してダイアログを閉じる。

⑨ 属性変更のダイアログに戻るので、「OK」を🖱してダイアログを閉じる。

以上で、選択したすべての線が「線色1」に統一されます。

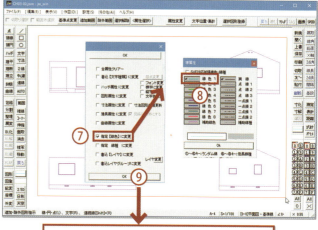

⑩「コーナー」コマンドや「消去」コマンドを使って、南面外壁ポーチ部の線を図のように整理する。

この図面ファイルを付録CDの「練習用データ」フォルダ→「CH03」フォルダに「CH03-02-syoukyo.jww」として収録してあります。

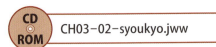
CH03-02-syoukyo.jww

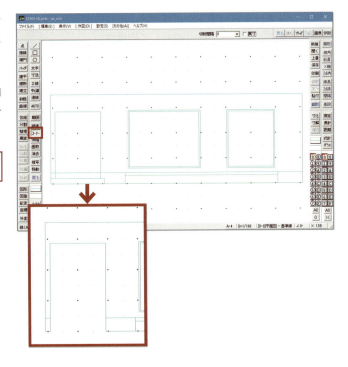

⑪ ポーチ横の西面外壁と玄関下り壁は、下図を参考にして、位置と高さを確認して作図する。

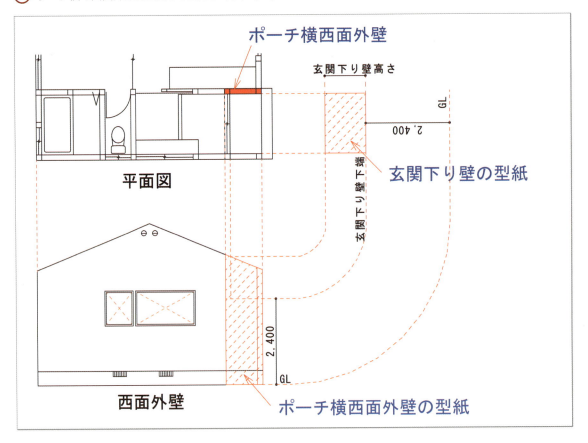

ここまでに作図してきた外壁の型紙用図面を、本図面で設定されているA4用紙横置きで印刷できるよう、適当に移動し、配置します（配置例は次ページ下段の図を参照）。

3.2.2 内壁の型紙用図面の作図

ここでは作成手順の説明は割愛しますが、右図の「平面図と内壁型紙の関係図」を参考にして、平面図との関連性を理解し、作図してください。内壁の型紙用図面は、平面図から線を延長して位置を決めます。高さは床面（FL）から天井までの2400mmとします。また、開口部の高さはFLから2000mmとします。

作図したら、同じ図面内に配置済みの外壁と同様に、本図面で設定されているA4用紙横置きで印刷できるよう、適当に移動し配置します（配置例は下段の図を参照）。用紙枠の上部に余白ができるようにしてください（このあとに作図する屋根の型紙用図面を入れるため）。

この図面ファイルを付録CDの「練習用データ」フォルダ→「CH03」フォルダに「CH03-02A.jww」として収録してあります。

CD-ROM CH03-02A.jww

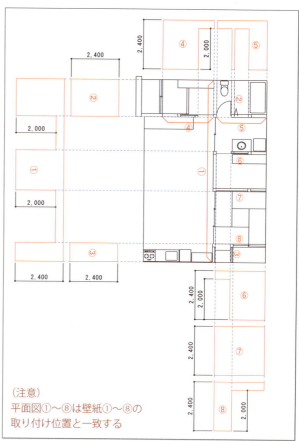

平面図と内壁型紙の関係図
（赤色の線が型紙）

（注意）
平面図①〜⑧は壁紙①〜⑧の取り付け位置と一致する

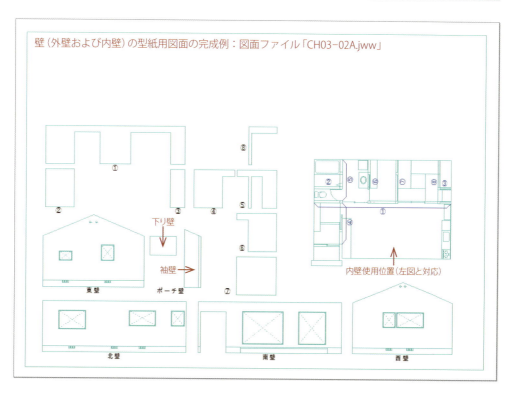

壁（外壁および内壁）の型紙用図面の完成例：図面ファイル「CH03-02A.jww」

3.3 屋根の型紙用図面の作図

前項に続き、切妻屋根で縮尺1/100の建築模型を製作することを前提に、屋根の型紙用図面を作図します。

▼ 屋根の型紙を作成する際の注意点

1	屋根の型紙は、屋根伏図と屋根勾配がわかる断面図または立面図を利用して作成する。
2	屋根の型紙は、勾配がある分、屋根伏図において勾配がついている側は長くなる。その長さを断面図または立面図で測定する。

3.3.1 Jw_cad図面の練習用データを開き、屋根の型紙用図面を作図

ここでの練習用データは付録CDに収録した「CH03-03.jww」（または3.2節での作図を終えた「CH03-02A.jww」）です。

① 付録CDの「練習用データ」フォルダ→「CH03」フォルダにある「CH03-03.jww」を、パソコン上の適当な場所にコピーしてから、🖱🖱して開く（図はコピー前）。

CD-ROM CH03-03.jww

屋根の型紙用図面は、屋根の勾配がわかる断面図または立面図から実際の長さを測定し、屋根伏図に、その伸びた位置をかいて作図します（下図参照）。

長さの測定は、ツールバー「測定」（メニューバー「その他」→「測定」）を選択して、コントロールバー「距離測定」を🖱し、測定する2点を順次🖱（右）して、ステータスバーに表示される結果の数値で知ります。

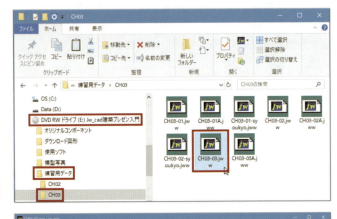

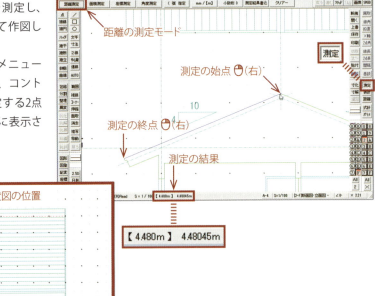

作成手順の説明は割愛しますが、右図の「屋根伏図・断面図と屋根の型紙の関係図」を参考にして、断面図との関連性を理解し、作図してください（結果は下段の図）。型紙用図面を「3.2.2 内壁の型紙用図面の作図」で作図した壁の型紙用図面の上部余白に移動し、本図面で設定されているA4用紙横置きで印刷できるよう配置してください。壁と屋根の型紙用図面部分は、p.73「3.4 型紙用図面を印刷して建築模型を製作」で実際の型紙として印刷します。

この図面ファイルを付録CDの「練習用データ」フォルダ→「CH03」フォルダに「CH03-03A.jww」として収録してあります。

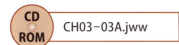 CH03-03A.jww

屋根伏図・断面図と屋根の型紙の関係図
（赤色の線が型紙）

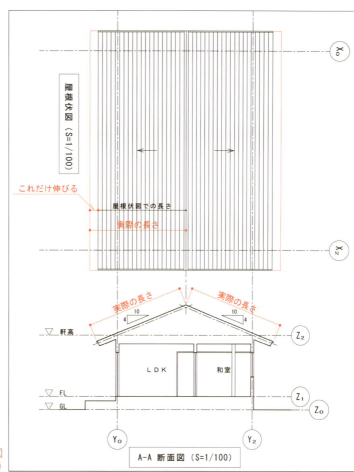

壁（外壁および内壁）と屋根の型紙用図面の完成例：図面ファイル「CH03-03A.jww」

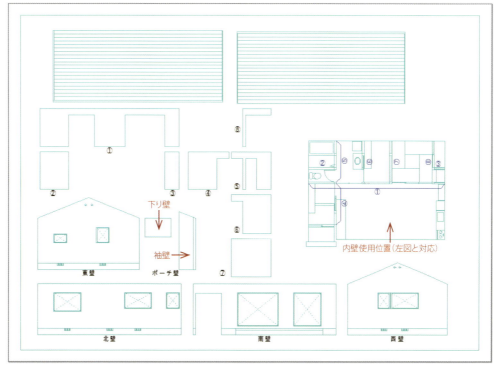

One Point

寄棟屋根の型紙用図面の作図

寄棟屋根は本書で扱っている建築モデルにはない構造ですが、寄棟屋根の場合の型紙は、前ページの切妻屋根の場合よりも少し難しいです。発展編として取り組まれる場合は、下図「屋根伏図・断面図と寄棟屋根の型紙の関係図」をよく理解して、作図してください。

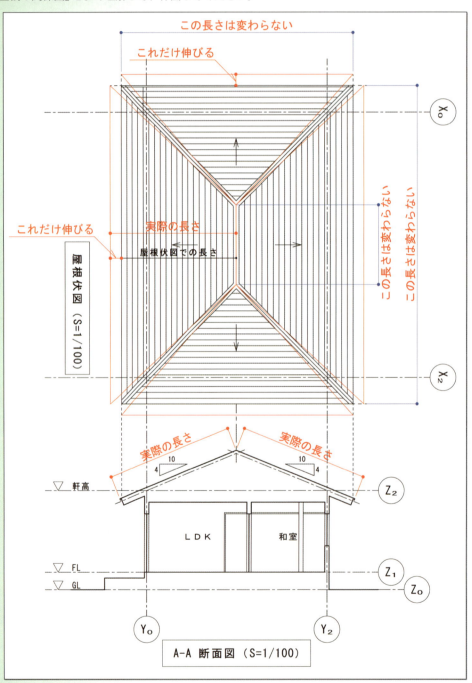

屋根伏図・断面図と寄棟屋根の型紙の関係図（赤色の線が型紙）

3.4 型紙用図面を印刷して建築模型を製作

前節までに作図した型紙用図面をプリンタで印刷し、それを基に実際の建築模型を製作します。

▼ 建築模型の製作に必要な道具と材料（工芸用品店、事務用品店、文具店、ホームセンター、インターネット通信販売などで揃う）

| 道具
材料 | カッターナイフ、カッティングマット、スチのり（木工用ボンドでも可）、スプレーのり、定規（金属製）、ソルベント（溶解液）、スチレンボード（2mm、5mm）、新聞紙、カスミソウ（模擬樹木）など |

スチレンボード

3.4.1 型紙用図面の印刷

これまでに作図した型紙用図面（敷地と床、壁と屋根）を、それぞれプリンタでA4横に印刷して型紙とします。印刷用の図面を付録CDの「練習用データ」フォルダ→「CH03」フォルダにも収録してあるので、ここではそれをご利用ください。

① Jw_cadを起動し、3.1節で作図した型紙用図面「CH03-01A.jww」（⇒p.64）を開く。

② ツールバー「印刷」を🖱して開く「印刷」ダイアログの「プリンター名」ボックスでプリンタを選択し、「プロパティ」を🖱する。さらに開くプリンタ機種ごとのプロパティで、用紙サイズ「A4」、印刷方向「横」に設定し、「OK」を🖱する。「印刷」ダイアログに戻るので、「OK」を🖱し、作図ウィンドウに戻るので赤色の印刷範囲枠で印刷範囲を確認し、コントロールバー「印刷」を🖱する。

③ 次に、3.3節で作図した型紙用図面「CH03-03A.jww」（⇒p.71）を開き、②を繰り返す。

なお、②の印刷設定や印刷方法についての詳細はp.229を参照してください。

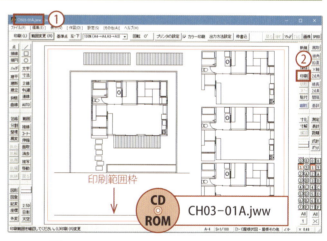

CH03-01A.jww

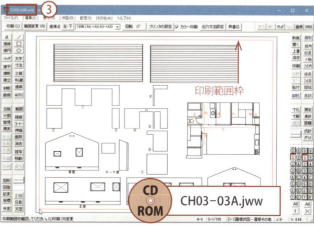

CH03-03A.jww

3.4.2 型紙から建築模型パーツを製作

前項で印刷した型紙を使って、建築模型を構成するパーツを作ります。

① 型紙を図面の線位置より少し大きめに定規とカッターナイフで切り分ける（2枚の図面とも）。

② ①で切り分けた型紙を、スプレーのりやスチのりを使ってスチレンボードに貼る。この場合、敷地の型紙は厚さ5mm、そのほかの型紙はすべて厚さ2mmのスチレンボードに貼る。

注意! 敷地用型紙のスチレンボードは周囲を少し大きめに残します。それ以外の型紙は、スチレンボードの無駄な消費を抑えるため、写真のように図面のレイアウトを無視してすきまなく貼ってください。

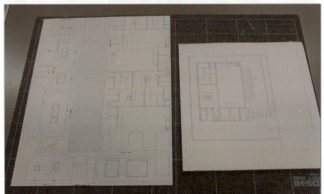

③ スチレンボードに貼り付けた型紙の線に合わせ、定規とカッターナイフでていねいに切り取り、建築模型のパーツを1つ1つ切り離して作る。

④ 開口部は特にていねいにくり抜き、すべてのパーツを揃える。

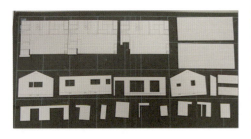

3.4.3 パーツの組み立て

まずは3種類の2mmのスチレンボードの床パーツを3枚重ねて接着します。微妙な誤差があるので合計6mmより厚くなりますが、重ね貼りによる厚みのバラツキをできるだけ調整します。

① 床パーツのスチレンボードの表面（型紙を貼った反対側面）の紙にソルベントを塗る。

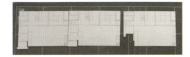

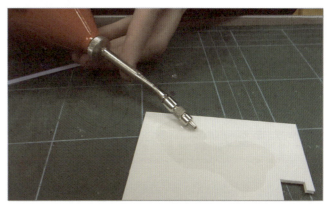

② スチレンボードから①の紙をはがす。

③ 3枚重ねて6mmになるよう調整したら、床パーツを順番にスチのりで接着する。

写真が、床パーツの3枚重ね貼り完了の状態です。

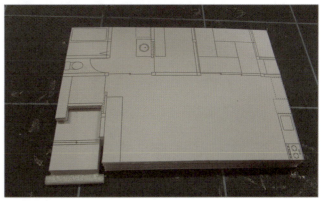

次に外壁のパーツ（外壁、ポーチ壁など）を組み立てます。角が交差するため、角を処理します。

④ 写真のようにスチレンボードの厚さ2mm分を切り落とす（ここでは東面と西面の壁の左右の角をコーナー処理している）。ただし、小口（切り落とした断面）を見せないようにするため、表面の紙1枚分は残す。

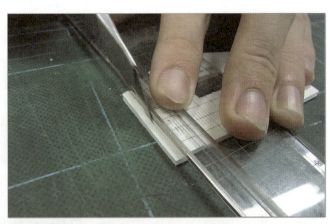

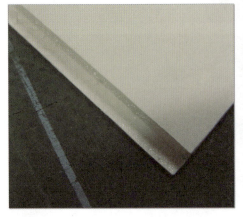

⑤ 床のパーツに外壁のパーツをスチのりで接着する（右下図は玄関下り壁の設置前）。

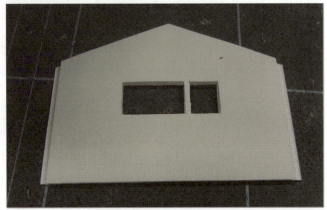

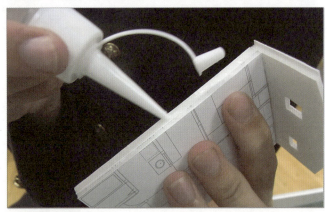

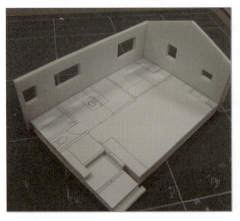

⑥ 内壁のパーツを順次スチのりで接着する。

写真が、内壁のパーツ貼り完了の状態です。

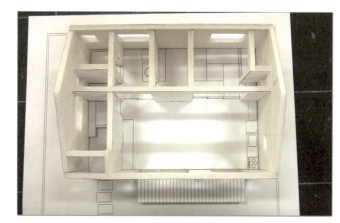

⑦ これまで作業してきた建物本体を敷地のパーツにスチのりで接着する。

⑧ デッキのパーツの厚さを調整（床パーツ3枚重ね貼りの項目を参照）してから2枚重ね貼りし、敷地にスチのりで接着する。

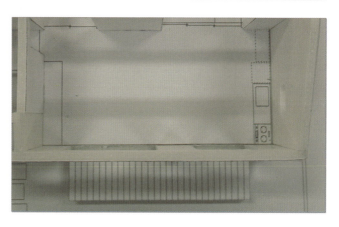

次に屋根の2枚のパーツを勾配を付けながら接着します。

⑨ 屋根の2枚のパーツの接着部分をカッターナイフで勾配分斜めに切り落とす。

⑩ 屋根の2枚のパーツをスチのりで接着する。

⑪ 外壁との接点の隙間がなくなるように調整する。

以上で型紙から製作した模型としては完成ですが、プレゼンする場合は、さらに、屋根に色紙を貼ったり、敷地に塀や花壇、植栽（カスミソウを利用）、人、車、道路などを作成し、全体の雰囲気を出します。

模型製作：甲府工業高等学校建築科　深沢 司

3.4.4　建築模型の写真撮影

建築模型の写真は、画像データにして加工してからJw_cad図面に貼り付けるため、デジタルカメラで撮影します。撮影アングルは、目線の高さを変えたり、角度を変えたり、距離を変えたりしながら、建物の特徴がわかるように多数撮影します。写真撮影の際、バックに写したくない不要物がある場合は、あらかじめ大き目の黒幕や黒い紙などを敷いたりして、隠蔽します。そのほか、工夫しながら撮影しましょう。

デジタルカメラで撮影した写真は、一般的にはJPEG（ジェイペグ）形式の画像ファイルになり、パソコンでも容易に扱えます。

3.5　建築模型写真をGIMPで加工

3.4節で撮影した建築模型の写真をJPEG画像ファイルとしてパソコンのハードディスクにコピーし、CHAPTER 1でインストール済みのフリーのグラフィックソフト「GIMP」でプレゼンに適した素材に加工します。本書で行う程度の加工であれば、有料の高価なグラフィックソフトを使用しなくてもGIMPで十分に対応できます。

3.5.1　GIMPの起動と画面調整

本節でGIMPを使う場合は、GIMP起動後の画面で、CHAPTER 1でのインストール時に推奨した画面表示状態（上段の図⇒p.28）から、下段の図のように変更してください。

デスクトップのGIMPのアイコンを🖱🖱して起動

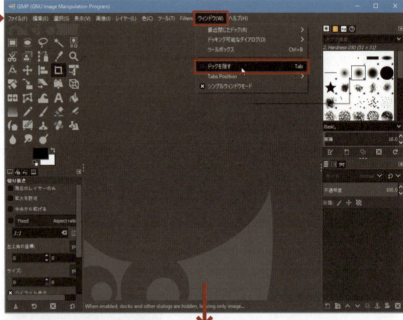

本節では、「ウィンドウ」→「ドックを隠す」を🖱して不要な画面周囲部分のダイアログを閉じる

ワイドディスプレイの場合は横に長いので、ダイアログをそのまま開いておいてもよい

3.5.2 写真の明るさ調整

建築模型写真は室内で撮影するため、全体的に暗くなりがちです。全体的に写真を明るく調整するために、GIMPで加工します。なお、建築模型のデジカメ写真画像（JPEGファイル）を付録CDに収録してあるので、ここではそのファイルを開いて行います。

① Windowsのエクスプローラなどで付録CDを開き、「模型写真」フォルダ→「加工前」フォルダのファイル「photo01」をマウスドラッグしてGIMPのイメージウィンドウに移動し、取り込む。

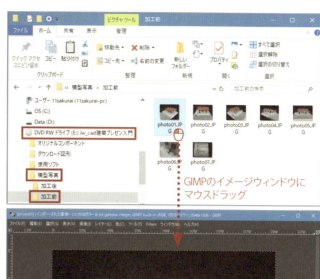

② メニューバー「色」を🖱し、開いたプルダウンメニューの「自動補正」→「ホワイトバランス」を順次🖱する。

これだけの操作で、全体的に白がはっきりし、明るくなります。

③ さらに調整したい場合は、メニューバー「色」を🖱し、「Brightness-Contrast...」を🖱する。

④ 「明るさ-コントラスト」ダイアログが開くので、明るさとコントラストの調整バーを左右に動かすと、画像の見た目も即座に変わるので、試行錯誤しながら調整する（ここではこれ以上の調整は行わない）。

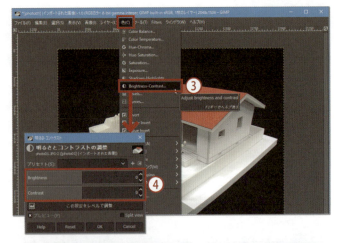

調整加工した画像を、別の名前を付けて、適当な場所に保存します。

⑤ メニューバー「ファイル」→「名前を付けてエクスポート」を🖱する。

⑥ 「画像をエクスポート」ダイアログが開くので、適当な「名前」（ここでは「photo01」の前に「1」を付けて「1photo01」）と保存場所（ここではデスクトップ）を指定して、「エクスポート」を🖱する。

⑦ 「画像をエクスポート：JPEG形式」ダイアログが開くので、「品質」を「100」に変更する。

⑧ 「エクスポート」を🖱する。

付録CDに収録した他の写真「photo02」～「photo06」も、上記と同様にして調整加工し、別の名前で保存します。

新たに別の画像を操作をする場合は、「ファイル」→「ビューを閉じる」を🖱すると、右図のように、さらにエクスポート済みの画像の変更を保存するかをきいてくるので、「保存しない」を🖱すると、現在開いている画像がなくなるので、次の画像を取り込めます。

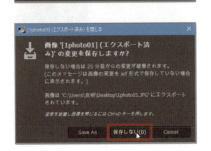

3.5.3 写真のトリミング（切り抜き）

前項に引き続き操作します。デジカメで撮影した写真の縦横比は標準で3：4ですが、GIMPでは、必要のない部分をカット（「トリミング」と呼ぶ）し、その比を変更することが簡単に行えます。これはJw_cadでも行えますが、Jw_cad図面に貼り付ける前に、GIMPであらかじめ加工する方が正確です。

① 付録CDの「模型写真」フォルダ→「加工後」フォルダの画像ファイル「1photo05」をGIMPのイメージウィンドウにマウスドラッグで移動し、取り込む。

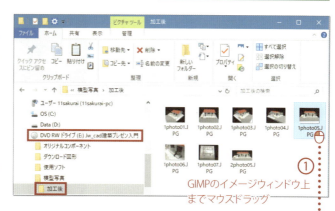

② 「ツール」→「変形ツール」→「切り抜き」を🖱する。

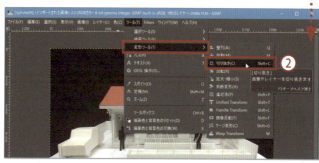

③ 残す部分を、始点から🖱→するマウスドラッグで、矩形範囲枠で囲む。

注意！ GIMPでの矩形範囲選択はマウスドラッグによる範囲指定なので、マウスボタンを離した瞬間に確定します。Jw_cadの場合はマウスポインタの移動で指定するので（マウスボタンを離し、矩形の対角点の🖱→🖱で可能）、注意してください。うまくいかない場合は、再度、マウスドラッグすることで何度でもやり直せます。

情報☞ 範囲指定後は、四辺、四隅にマウスポインタを合わせると表示される枠をマウスドラッグすることで、範囲指定枠を変更できます（下図）。

④ 囲んだ枠の内部を🖱すると、指定範囲が切り取られ、範囲外の不要な部分がトリミングされ消える。

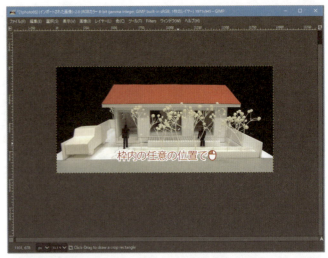

調整加工した写真を、別の名前を付けて、適当な場所に保存します。

⑤ メニューバー「ファイル」→「名前を付けてエクスポート」を🖱する。

⑥ 「画像をエクスポート」ダイアログが開くので、適当な「名前」(ここでは「1photo05」の先頭の「1」を「2」に変更して「2photo05」)と保存場所(ここではデスクトップ)を指定して、「エクスポート」を🖱する。

⑦ 「画像をエクスポート:JPEG形式」ダイアログが開くので、「品質」を「100」に変更する。

⑧ 「エクスポート」を🖱する。

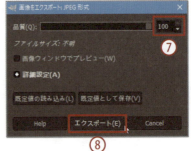

GIMPには他にも便利な機能がたくさんありますが、本書では必要最小限の機能しか紹介しません。

CHAPTER 4

Jw_cad図面へ写真や文字を貼り付け

CHAPTER 3で仕上げた建築模型の写真画像をJw_cad図面に貼り付けたり、インターネットからダウンロードしたフリーの文字フォントを使ってJw_cad図面のタイトルや文章（設計主旨）をデザインして、プレゼンテーションの表現力を高める例を紹介します。

写真や文字を貼り付けた
Jw_cad図面例

4.1 Susieプラグインのインストール

Jw_cad図面にはWindowsの標準的な画像ファイル形式である拡張子「.bmp」のBMP（ビットマップ）ファイルを貼り付けることができますが、デジカメ写真の一般的な画像ファイル形式である拡張子「.jpg」のJPEG（ジェイペグ）ファイルを貼り付けることはできません。「Susie（スージー）」と呼ばれるフリーの機能拡張プラグインを「jww」フォルダにインストールすると、それが可能になります。

▼ Susieプラグインについて

正式名称、本書執筆時点でのバージョン	Plug−in package ver0.08（Susieプラグイン）
作　者	竹村嘉人（たけちん）
価　格	フリーウェアなので無料
ファイルの入手先	Susieのだうんろーど　http://www.digitalpad.co.jp/~takechin/download.html 付録CDに収録

付録CDに収録されているSusieプラグインをパソコンにインストールし、使えるようにします。

① 付録CDの「使用ソフト」フォルダ→「spi32008」フォルダを👆👆して開く。

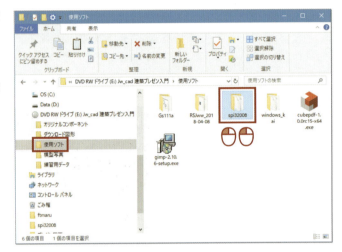

② 右図のウィンドウに切り替わるので、11個のSPIファイルをすべて選択してから、ドラッグして「jww」フォルダに移動する。

以上で、インストールは完了です。

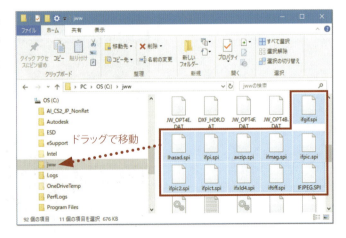

4.2 画像をJw_cad図面へ貼り付け

CHAPTER 3で仕上げた建築模型写真の画像をJw_cad図面に貼り付けます。なお、同じJPEG画像ファイルを付録CDに収録してあるので、ここではそれを利用します。

4.2.1 付録CDから画像をコピー

付録CDの「プレゼン図面」フォルダをデスクトップにコピーし、CHAPTER 3で扱った建築模型写真の8つのJPEG画像ファイルを使うので、それらのファイルを「プレゼン図面」フォルダにコピーします。

① 付録CDの「練習用データ」フォルダ→「CH04」フォルダ→「プレゼン図面」フォルダを、フォルダごとパソコン上の適当な場所(ここではデスクトップ)にコピーする。

② さらに、付録CDの「模型写真」フォルダ→「加工後」フォルダの8つのJPEG画像ファイルをすべて選択してから🖱(右)し、開くメニューの「コピー」を🖱し、ウィンドウを閉じる。

③ ①でデスクトップにコピーした「プレゼン図面」フォルダを🖱(右)し、開くメニューの「貼り付け」を🖱する。

④ コピーを終えたら、「プレゼン図面」フォルダのウィンドウを閉じる。

以上で必要な8つのJPEG画像ファイルがデスクトップの「プレゼン図面」フォルダに保存されます。ここでの操作手順は少々複雑ですが、要は、加工後の写真が入った「プレゼン図面」フォルダがデスクトップにあればOKです。

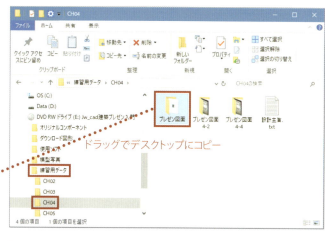

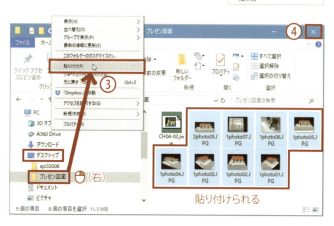

4.2.2　Jw_cad図面へ画像を貼り付け

前項で用意したJPEG画像をJw_cad図面に貼り付けます。

① デスクトップの「プレゼン図面」フォルダを🖱🖱してフォルダを開く。

② 用意されている「CH04-02.jww」を🖱🖱して、Jw_cadを起動し、図面を開く。

注意! ファイル名が同じでも、付録CDの収録フォルダによって内容が異なることに注意してください。

この図面は、A2縦サイズの用紙枠の中に、あらかじめ、配置図兼平面図、A-A断面図、南立面図、西立面図を配置してあります。なお、図面サイズの制約とプレゼン図面の用途から、屋根伏図、および各図面に表記してある寸法、基準線、基準記号などは省略しています。
画像を貼り付ける書込レイヤは、3レイヤグループ（レイヤグループ名「プレゼン」）の0レイヤ（レイヤ名「写真」）に設定しています。

③ ツールバー「画像」（メニューバー「編集」→「画像編集」）を🖱する。

④ コントロールバー「画像挿入」を🖱する。

⑤ 「開く」ダイアログが開くので、建築模型写真のJPEG画像ファイルが保存されているデスクトップの「プレゼン図面」フォルダを🖱🖱して開く。

⑥ ここでは「検索条件に一致する項目はありません。」と表示されるので、ダイアログ右下部のファイル形式ボックスの✓を🖱し、「JPEG/JFIF（*.JPG;*.JPEG）」を🖱して選択する。

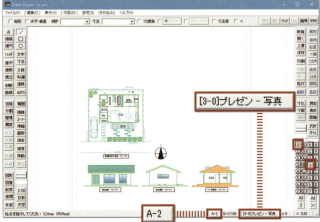

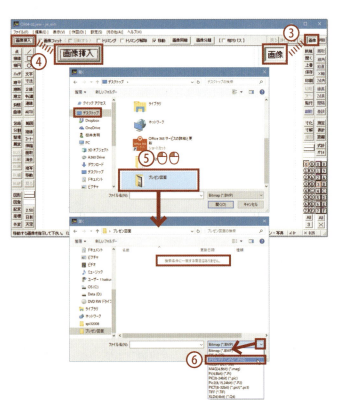

⑦ JPEG（ジェイペグ）形式のファイルだけが表示されるようになるので、「2photo05」を🖱🖱（または🖱してから「開く」を🖱）する。

⑧ 作図ウィンドウに戻り、ステータスバーのメッセージに「■ 基準点を指示して下さい…」と表示されるので、選択した画像を貼り付ける位置（基準点）として、図のような適当な位置を🖱して貼り付ける。

情報 画像を貼り付ける時の「基準点」とは、あらかじめ決められている画像の特定の位置（点）のことで、外部の画像ファイルを貼り付ける時の基準点は、Jw_cadの初期設定では画像を矩形とした場合の左下角になっています。

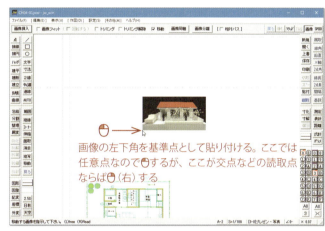

画像の左下角を基準点として貼り付ける。ここでは任意点なので🖱するが、ここが交点などの読取点ならば🖱（右）する

⑨ ツールバー「文字」（メニューバー「作図」→「文字」）を🖱する。

⑩ ⑧で貼り付けた画像の左下角を🖱する。

「文字入力」ボックスが「文字変更・移動」ボックスに切り替わり、ボックスに

　^@BMC：¥…¥Desktop¥プレゼン図面¥
　2photo05.JPG,100,51.2384

という文字列が表示されます（…の部分はパソコンの設定によりさまざま）。この文字列の意味は以下のとおりです（次ページの「注意」も参照）。

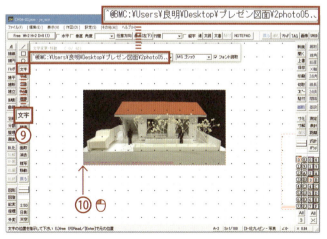

⑪ 表示される文字列のうち「C：¥…¥Desktop¥プレゼン図面¥」(…の部分はパソコンの設定によりさまざま)の部分(「C」から最後の「¥」まで)を削除して、

「^@BM2photo05.JPG,100,51.2384」

と変更してから、キーボードの「Enter」キーを押して確定する。

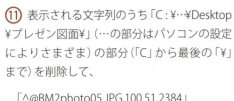

注意！ 右図は、Jw_cad図面に貼り付けた画像が行方不明になったために画像が表示されなくなった状態です。実は、Jw_cadは画像を文字情報として扱っていて、貼り付けられた文字情報に基づいて画像の保存場所にアクセスし、画像を作図ウィンドウに表示させているのです。Jw_cad図面が画像を抱え込んでいるわけではありません。このような仕組みを「外部参照」と呼びます。画像の保存場所が変わったり、画像が削除されてしまえば、作図ウィンドウ上には画像の文字列だけが表示されることになりますが、デジカメ写真などの画像データはファイルサイズが大きいので、画像を抱え込まないことで図面ファイルのサイズが大きくならないというメリットがあります(抱え込ませることも可能⇒p.94)。

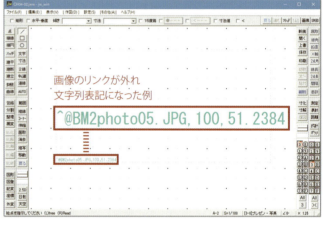

⑪の操作は非常に重要です。この操作を行わずに「プレゼン図面」フォルダをUSBフラッシュメモリーなどの媒体に保存し、違うパソコンなどで開いた場合、ドライブが変わることにより、画像は文字列となってしまいます。したがって、⑪の操作は必ず行ってください。Jw_cad図面ファイルと画像ファイルが同じフォルダ(ここでは「プレゼン図面」フォルダ)に保存されていれば、この操作をすることによって、画像が文字列に変わり表示されなくなってしまうことはありません。もし画像が文字列に変わった場合は「プレゼン図面」フォルダに該当の画像ファイルがあるか確認しましょう。

One Point

画像をJw_cad図面に貼り付ける別の方法(1)

ツールバー「文字」(メニューバー「作図」→「文字」)を🖱し、コントロールバー「文読」を🖱する。以降は、p.88の手順⑤以降と同じ。

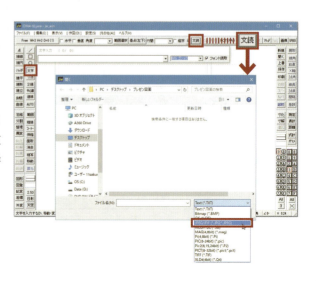

画像をJw_cad図面に貼り付ける別の方法（2）

写真画像が保存されているフォルダとJw_cad図面を同時に開いておき、必要な写真画像をJw_cad図面の作図ウィンドウにマウスドラッグする。

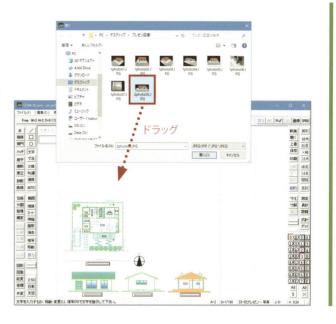

4.2.3　画像の大きさを変更

前項で貼り付けた画像の大きさ（サイズ）を変更します。前項に引き続き、画像を表す文字を編集します。

① 再度、画像の左下角を🖱する。

② 「文字変更・移動」ボックスに開く「^@BM2photo05.JPG,100,51.2384」のうち「100」を「400」に変更し、「Enter」キーを押す。

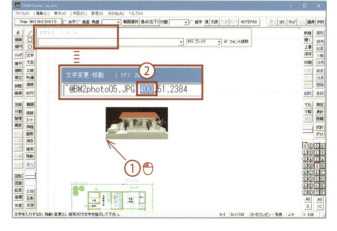

図のように、画像は横幅100の4倍の400に、縦横比を維持しながら大きくなる。

> **情報☞** 画像の大きさを変更する場合、縦横比を変更することはできません。
> 「^@BM2photo05.JPG,100,51.2384」の横幅「100」を変更すれば、自動的に同じ比率で高さ「51.2384」も変更されます。また、横幅「100」からの変更はできますが、高さ「51.2384」からの変更はできません。横幅が画像の大きさ変更の基準となっています。

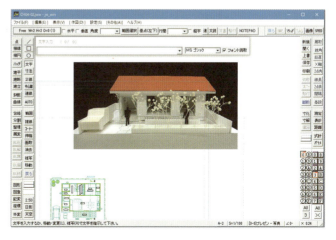

4.2.4　画像の移動（複写）

画像は文字扱いなので、画像の移動は「文字」コマンドで行います。ただし「図形移動」コマンドでもできます。画像の四隅を基準点に移動する場合は後者を選びます。

① ツールバー「移動」（または「複写」）（メニューバー「編集」→「図形移動」（または「図形複写」））を🖱する（移動と複写の操作は同じ）。

② ステータスバーのメッセージを見ると移動する図形を指示する状態であることがわかるので、画像の左下角付近（画像の文字付近）を図のように矩形範囲選択する。文字の選択なので終点は🖱（右）する。

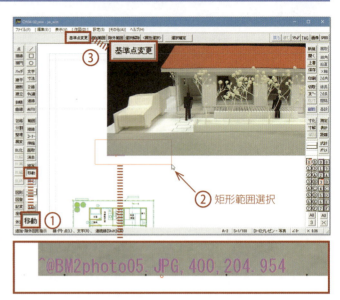

③ コントロールバー「基準点変更」を🖱する。

④ 画像の左上角を🖱（右）。ここを図形の移動先指定時の基準点とする。

> 情報☞　操作中は画面表示を頻繁に変更しなければなりません。CHAPTER 1で説明済みですが、画面の拡大表示は🖱↘（両ドラッグ右下方向）、用紙範囲全体表示は🖱↗（両ドラッグ右上方向）、画面の縮小表示は🖱↖（両ドラッグ左上方向）、画面の移動は🖱（両クリック）です（⇒p.10、32）になります。

⑤ 画像の範囲を示す赤色の仮枠点線が表示されるので、図のように、あらかじめピンク色の補助線でかいておいた用紙枠近くの補助線交点を🖱（右）して、画像を移動する。

⑥ ほかのコマンドを選択して「図形移動」コマンドから抜け、この図面ファイルを上書き保存（ツールバー「上書」またはメニューバー「ファイル」→「上書き保存」）する。

> 注意！　ほかのコマンド（ツールバー「／」など）を選択しないと、いつまでも図形移動指示待ち状態です。

この図面ファイルを付録CDの「練習用データ」フォルダ→「CH04」フォルダ→「プレゼン図面4-2」フォルダに「CH04-02.jww」ファイルとして収録してあります。

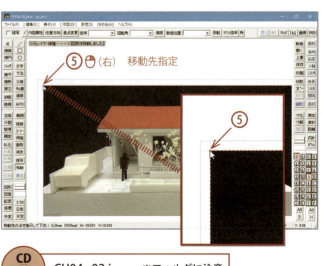

CH04-02.jww　※フォルダに注意

4.2.5 画像のトリミング（切り抜き）と解除（元に戻す）

p.83で、フリーのグラフィックソフト「GIMP」を使って画像をトリミング（切り抜き）してありますが、ここで、Jw_cadで行う方法も説明しておきます。

なお、ここからp.95までは機能の紹介および練習なので、スキップして4.3節に進んでもかまいません。

① ツールバー「画像」を🖱する。

② コントロールバー「トリミング」にチェックを付ける。

③ トリミング（残したい）範囲の矩形範囲の対角2点を順次🖱する。

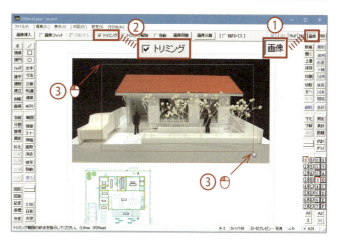

指示した範囲が残り、トリミングが完了します。Jw_cadの場合、トリミングは一時的に不要な部分を非表示にするだけです。

以下、トリミングを解除し、元の画像全体表示に戻します。

④ コントロールバー「トリミング解除」にチェックを付ける。自動的に「トリミング」のチェックが外れる。

⑤ トリミング済み画像の任意の位置を🖱する。

元の画像全体表示に戻ります（画面省略。上段の図と同じ）。

ここはトリミングの練習なので、この図面ファイルは保存しなくてけっこうです。

4.2.6 画像の同梱（図面と画像の一体化）と分離（元に戻す）

p.90で、Jw_cad図面に画像を貼り付けても画像を抱えるわけではないと説明しましたが、逆に、画像を抱えてJw_cad図面と画像を一体化させることができます。その方法を説明します。

① ツールバー「上書」（またはメニューバー「ファイル」→「上書き保存」）を🖱して、現在の図面ファイルの上書き保存を試みる。

作図ウィンドウ左上部に「同梱されていない画像データがあります。Jwwデータを受け渡す場合…」と注意メッセージが表示されます。このようなメッセージが表示された場合は、貼り付けた画像は単なる文字情報にすぎません。そこで、Jw_cad図面と画像を一体化させる「同梱」機能で保存する方法を説明します。

② ツールバー「画像」を🖱して、コントロールバー「画像同梱」を🖱する。

③ 開く「画像をJWWデータに同梱します。よろしいですか？」というメッセージに対して、「OK」を🖱する。

④ 開く「1個の画像を同梱しました。」というメッセージに対して、「OK」を🖱する。

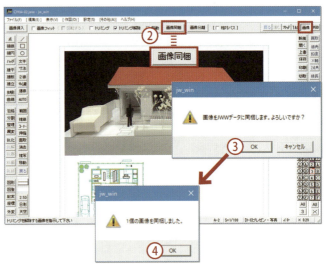

以上で、このJw_cad図面に貼り付けてあるすべての画像がJw_cad図面と一体化します（ここでは1つのみ）。それでは、同梱した画像を分離して、通常の保存状態に戻す方法も説明しておきます。

⑤ コントロールバー「画像分離」を🖱する。

⑥ 「同梱画像を「C:…¥Desktop¥プレゼン図面¥CH04-02～分離画像」フォルダに分離します。」と表示されるので、「OK」を🖱する。

⑦ 開く「1個の画像を分離しました。」というメッセージに対して、「OK」を🖱する。

以上で、分離して保存されます。

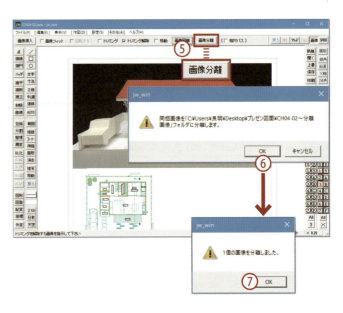

デスクトップの「プレゼン図面」フォルダの中を確認してみます。図のように、新たに「CH04-02～分離画像」フォルダが作成され、そのフォルダを開くと、「2photo05_JPG.bmp」が生成されていることが確認できます。ただし、元の画像ファイルはJPEG形式ですが、分離によって生成される画像ファイルはBMP形式になります。

情報 ☞ JPEG形式とBMP形式を相互に変換できるフリーウェアもあるので、このままでも実用上は問題ありません。

⑧ ウィンドウ右上端の × （閉じるボタン）を🖱️して閉じる。

ここは同梱の練習なので、この図面ファイルは保存しなくてけっこうです。

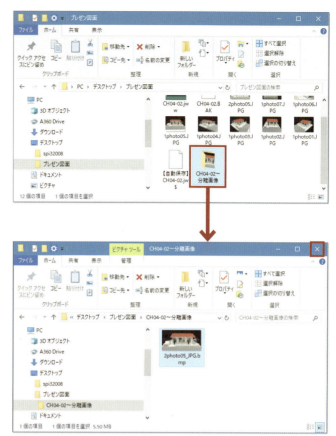

注意! 「画像同梱」は便利な機能ですが、本書では行わないことにします。その理由は、前述したとおり、画像を同梱することによってJw_cad図面のファイルサイズが大きくなり、作図時の操作性が低下するからです。ファイルサイズの小さい画像や貼り付ける画像の数が少ない場合はそれほどでもないのですが、最近の高画質で撮影されたデジカメ写真を数多く図面に貼り付けると、低スペックのパソコンの場合、Jw_cadの動作が重くなる可能性が高いです。
ちなみに、以下は画像を同梱した場合としない場合とで、Jw_cad図面のファイルのサイズを比較した結果です。ここで操作している「CH04-02.jww」で比較してみると、同梱していない「CH04-02.jww」のファイルサイズ136KBに対して、同梱した「CH04-02（同梱）.jww」のファイルサイズは2767KBと約20倍になっていることがわかります。これは、Jw_cad図面に貼り付けた写真画像のファイルサイズが、そのまま追加されたからです。たった1枚のデジカメ写真の同梱でも、この程度の膨張になります。

4.3 フリーのフォントのダウンロードとインストール

Jw_cadで使えるフォント（文字の種類）は、パソコンにインストールされているフォントのみです。パソコン購入後、特にそのほかのフォントをインストールしていなければ、標準的なフォントしか使用できません。そこで、表現力を高め、より充実したプレゼンテーションをするために、インターネットで公開されているフリーのフォントをインストールして、Jw_cad図面で使う方法を説明します。

▼ idfontについて

正式名称、本書執筆時点でのバージョン	idfont（フリーフォント）
作者	井上　優　氏
価格	フリーウェアなので無料。個人で非営利に使用する場合に限る
ファイルの入手先	井上デザイン　http://idfont.jp/
ファイル名	ftmaru.zip

4.3.1 フリーフォントのダウンロード

本書執筆時点でインターネットの「井上デザイン」のホームページに公開されているフリーのフォント「フリーフォント」をダウンロードする方法を説明します。

① インターネットに接続し、任意の検索サイトにアクセスしたら、「井上デザイン」のキーワードで検索する。

② 図のような検索結果の画面で、「idfont 井上デザイン」を🖱する。

③ 井上デザインのidfontのホームページが開くので、「フリーフォント」を🖱する。

④ フリーフォントの使用許諾契約書を熟読し、内容に同意したうえで、フリーフォントとして公開されている3種類の中から、ここでは「あいでぃーぽっぷふとまる」を🖱する。

以下は使用許諾契約書の内容転載です。必ず熟読して、内容に合意したうえで使用するようにしてください。日本語フォントのデザインは、漢字の種類の多さから大変労力のかかる仕事です。ご理解ください。

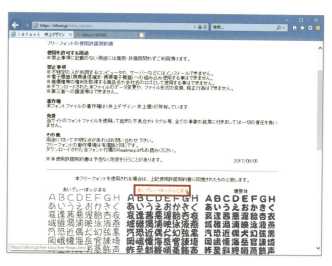

⑤ 「あいでぃーぽっぷふとまる」のフォント表示の下にある文字列部分「Downlod」を🖱する。

⑥ 開くダイアログの「保存」の右にある▼を🖱し、さらに開くメニューの「名前を付けて保存」を🖱する。

⑦ 「名前を付けて保存」ダイアログが開くので、適当なパソコン上の保存場所（フォルダなど。ここではデスクトップ）を指定して、「保存」を🖱すると、ダウンロードが開始する。

⑧ ダウンロードが完了して、「ダウンロードの完了」ダイアログが開くので、「×」を🖱する（自動的に閉じる場合もある）。

⑨ デスクトップに「ftmaru.zip」が作成されたことを確認し、「井上デザイン」のホームページを閉じる。

注意！ 手順⑤〜⑨では、使用するブラウザによって、開く画面や手順が異なる場合があります。ダウンロード方法はブラウザによって異なります。本書は、「インタネットエクスプローラー」で説明しています。

4.3.2 フリーフォントのインストール

前項でダウンロードした「ftmaru.zip」を展開してから、インストールします。

① 前項でダウンロードし、デスクトップに保存された「ftmaru」を🖱🖱して展開する。

② 展開した「ftmaru」フォルダの中の「id-ftmaru400a.ttf」と「id-ftmaru400b.otf」を🖱（右）し、開くメニューから「コピー」を🖱する。

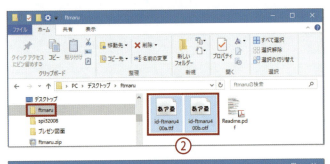

③ Windowsのエクスプローラなどでcドライブの「Windows」フォルダ→「Fonts」フォルダ（「スタート」→「Windowsシステムツール」フォルダ→「エクスプローラー」→「C」ドライブ→「Windows」フォルダ→「Fonts」フォルダ）を🖱🖱し、適当な位置で🖱（右）し、開くメニューから「貼り付け」を🖱する。

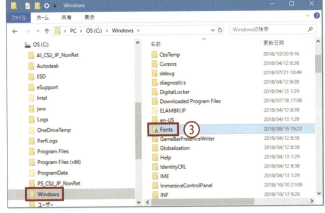

④ 自動的にインストールが始まり、すぐに完了するので、「id-ぽっぷふとまる標準」がインストールされたことを確認する。

4.4 文字をJw_cad図面へ記入

Jw_cadでの文字の記入は、「文字」コマンドでJw_cad図面に文字をそのたびに記入する方法と、Windowsパソコンの標準ソフト「メモ帳」などであらかじめ作成した文章（テキストファイル）を文字列として貼り付ける方法があります。設計主旨などの長文になる文章を記入する場合は後者の方が便利です。

4.4.1 図面に文字を記入

本書の最終完成目標であるプレゼン図面のタイトル文字を記入します。

① p.87でデスクトップに作成した「プレゼン図面」フォルダの「CH04-02.jww」(p.92で上書き保存)を🖱🖱し、Jw_cadを起動する。

CH04-02.jww ※フォルダに注意

注意！ ここから文字記入の操作を開始する場合は、付録CDの「練習用データ」フォルダ→「CH-04」フォルダ→「プレゼン図面4-2」フォルダにある「CH04-02.jww」を使用してください。その際は、「プレゼン図面4-2」フォルダごとデスクトップにコピー&貼り付けしてから、その中の図面ファイルを使用してください。「プレゼン図面4-2」フォルダ中の「CH04-02.jww」を🖱🖱すれば、Jw_cadが起動し、図面ファイルが開きます。

サブタイトル文字を写真の右下部に記入します。

② ツールバー「文字」(メニューバー「作図」→「文字」)を🖱する。

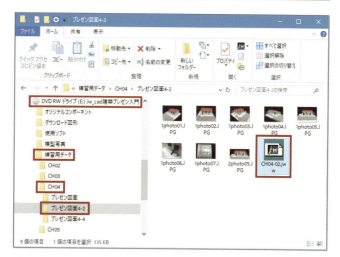

③ コントロールバー左端の書込文字種ボタンを🖱する(記入する文字のスタイルを設定)。

④ 開く「書込み文字種変更」ダイアログで、「任意サイズ」を🖱して「◉」とし、その右に並ぶ「幅」を「20」、「高さ」を「20」、「間隔」を「0.00」、「色No.」を「2」に変更する。

⑤ 「OK」を🖱して、ダイアログを閉じる。

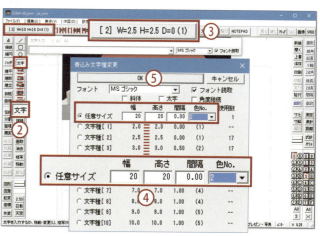

⑥ 「文字入力」ボックスにサブタイトルとなる「〜夫婦のための棲家〜」とキー入力し、日本語変換を確定する。

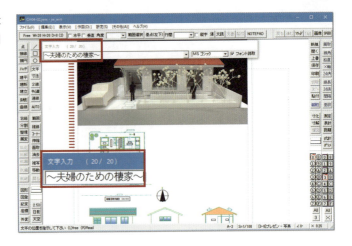

⑦ 作図ウィンドウに赤色の仮文字列枠が表示されるので、枠の左下角を記入位置（ここでは図のように道路右部の灰色部付近）に合わせ、🖱する（結果は以降の図を参照）。

情報☞ 初期設定の文字基準点は、文字列先頭文字左下角です（1文字の場合も同じ）。文字の記入、文字列の移動や複写の際も、文字基準点が拠り所となります。

情報☞ タイトル文字がうまく納まらない場合は、ツールバー「戻る」を🖱して何度でもやり直せます。また、記入した文字をあとから移動することもできます（詳細は「高校生から始めるJw_cad建築製図入門［Jw_cad8対応版］」を参照）。

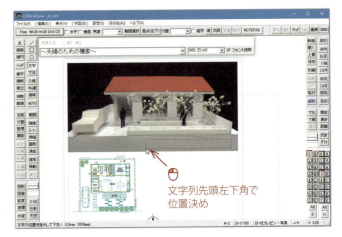

次に、メインタイトル文字を写真の左上部に記入します。文字のスタイルは変更します。

⑧ 再び、コントロールバー左端の書込文字種ボタンを🖱する。

⑨ 開く「書込み文字種変更」ダイアログで、「色No.」だけを「6」に変更し、「OK」を🖱して、ダイアログを閉じる。

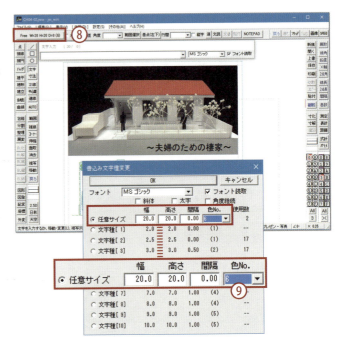

⑩ 「文字入力」ボックスにメインタイトルとなる「ゆったり暮らせる小さな家」とキー入力し、日本語変換を確定する。

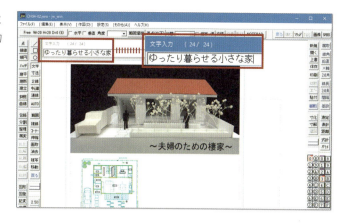

⑪ 赤色の仮文字列枠の左下角を写真の左上部の黒色部付近に合わせ、🖱する。

4.4.2　記入済みの文字色の変更

前項でメインタイトル文字の書込文字種を色No.6（青色）で記入しました。黒地の上でも青色の文字は何とか見えますが、仮に紙にモノクロ印刷するとなると、青色の文字はグレースケール変換で黒っぽい色に変換され黒地に埋もれてしまいます。そこでここでは、実際に印刷する時の文字の色を設定する方法と、記入済みの文字の色を変更する方法を説明します。

① ツールバー「基設」（メニューバー「設定」→「基本設定」）を🖱する（⇒p.17）。

② 開く基本設定の「jw_win」ダイアログの「色・画面」タブを🖱し、「プリンタ出力 要素」の「線色6」を🖱する。

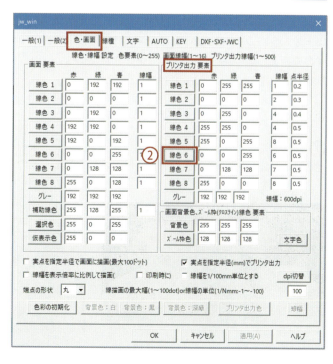

③ 開く「色の設定」ダイアログで、「基本色」欄から白色の四角を🖱し、「OK」を🖱する。

以上で、色No.6の図形や文字を印刷すると、「青色」ではなく「白色」で印刷されます（色No.6の印刷色は白に設定）。

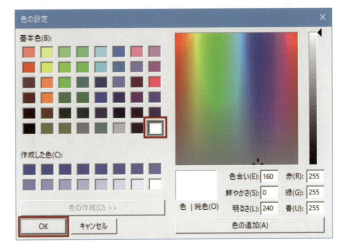

情報☞「jw_win」ダイアログの「プリンタ出力 要素」で、「線色6」右の「赤」「緑」「青」ボックスの数値がすべて「255」に変更されています（元は0、0、255＝青）。255はここで設定できる最大値で、赤緑青（RGB）の発光三原色をすべて最大限掛け合わせて白になるという設定です。

続けて、今度は色No.6の画面色も「青色」から「白色」に変更します。

④「jw_win」ダイアログの「色・画面」タブで、「画面 要素」の「線色6」を🖱する。

⑤ ③と同様にして、開く「色の設定」ダイアログで、「基本色」欄から白色の四角を🖱し、「OK」を🖱する（画面省略）。

以上で、色No.6の図形や文字は、ディスプレイの画面上では「青色」ではなく「白色」で表示されます（色No.6の画面表示色は白に設定）。

⑥「OK」を🖱し、ダイアログを閉じる。

⑦ 色No.6で記入済みだった「ゆったり暮らせる小さな家」の文字色が、白色に変わっていることを確認する。

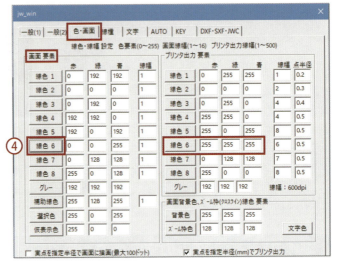

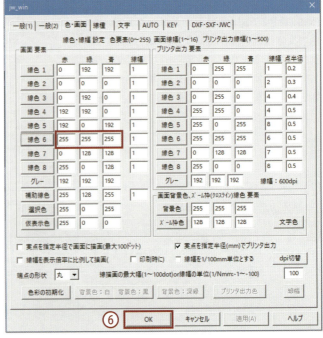

One Point

黒地に黒色文字を記入するには

黒地の上に黒色文字を記入しても明瞭に見えるようにする方法を紹介します。

① ツールバー「基設」を🖱する。

② 基本設定の「jw_win」ダイアログが開くので、「文字」タブを🖱する。

③ 「文字の輪郭を背景色で描画」にチェックを付ける。

注意！ 「文字の輪郭を背景色で描画」にチェックを付けると、「文字 (寸法図形、ブロック図形) を最後に描画」にも自動的にチェックが付きます。チェックを消すこともできますが、特に影響がないので、ここではそのままにしておきます。

このようにすると、文字の輪郭が白色になり、黒字の上に記入された黒色文字でも、文字は浮き出て見えます。もちろん、この方法は黒色文字以外の色でも可能です。

情報☞ ここでいう「背景色」とは作図ウィンドウの色 (白色) のことです。

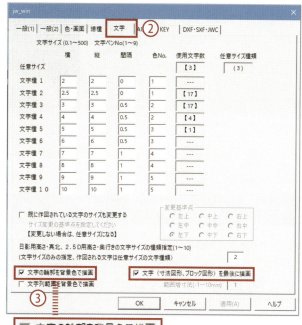

4.4.3　記入済みの文字フォントの変更

記入済みのタイトル文字のフォントはWindows標準の「MSゴシック」で記入されています。ここで、p.98でインストールしたフリーフォント「id-ぽっぷふとまる」に変更します。

① ツールバー「文字」を🖱し、文字「ゆったり暮らせる小さな家」を🖱する。

② 開く「文字変更・移動」ボックスのフォントボックス右にある▼を🖱する。

③ 開くリストをスクロールして検索し、「id-ぽっぷふとまる」を🖱し、キーボードの「Enter」キーを押して確定する。

以上で、「ゆったり暮らせる小さな家」の文字のフォントが「id-ぽっぷふとまる」に変更されます。

4.4.4 Jw_cad図面にメモ帳で書いた文章（設計主旨）を貼り付け

Jw_cad図面には作成済のテキストファイルを文字列として貼り付けることができます。ここでは、Windowsパソコンに付属しているテキストエディタ「メモ帳」（→p.106）で作成した長めの文章（設計主旨を書いたテキストファイル）を貼り付けます。

① ツールバー「文字」を🖱し、コントロールバー左端の書込文字種ボタンを🖱する。

② 開く「書込み文字種変更」ダイアログで「フォント」ボックス右にある▼を🖱して、さらに開くリストから「MSゴシック」を🖱して選択する。

③ 続けて、文字種［4］の○ボタンを🖱して「◉」とし、「OK」を🖱して、ダイアログを閉じる。

④ コントロールバー「文読」を🖱する。

⑤ 「開く」ダイアログが開くので、付録CDの「練習用データ」フォルダ→「CH04」フォルダにある「設計主旨.txt」を🖱🖱して開く。

⑥ 作図ウィンドウに戻るが、読み込んだテキストファイルの文章は記入位置を指示しないと貼り付けられないので、ここでコントロールバーの設定のうち、「基点（左下）」および「行間」が「5,0」であることを確認する。

⑦ 図面上の余白で、文章の最終行の左下角を記入する位置に合わせて🖱する。

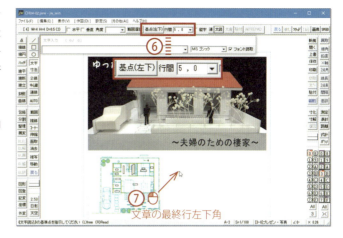

⑧ 「メモ帳」で書いた文章（設計主旨）が、文字種4のMSゴシックで貼り付けられる。

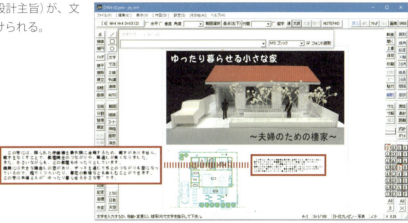

⑨ 必要に応じて、ツールバー「移動」（メニューバー「図形移動」）を🖱すれば文章全体を選択できるので、適当な位置に移動させる（ここでは説明を省略）。

⑩ この図面ファイルを上書き保存する。

この図面ファイルを付録CDの「練習用データ」フォルダ→「CH04」フォルダ→「プレゼン図面4-4」フォルダに「CH04-02.jww」として収録してあります。

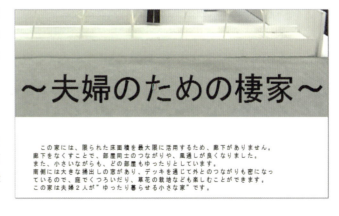

 CH04-02.jww ※フォルダに注意

One Point

行間の設定

「文字」コマンドのコントロールバー「行間」の設定では、前の数字が大きいほど行間が広くなり、後の数字は1行の文字数になります（0の場合は「メモ帳」で書いたとおりに貼り付けられる）。右上図は前ページで貼り付けた文章（設計主旨）を「メモ帳」で入力した状態です。右下図はそれをJw_cad図面に貼り付けた状態です。右図には同じ文章を2つ貼り付けてあり、上が「行間」＝「5,0」、下が「行間」＝「8,0」の設定です。比較してみてください。

> **情報** ☞ 「メモ帳」の起動方法は、Windowsのデスクトップの「スタート」→「Windowsアクセサリ」→「メモ帳」と選択します。

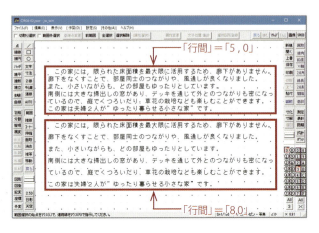

One Point

手描き図面をJw_cad図面に貼り付け

紙に手描きした図面も画像にすればJw_cad図面に貼り付けることができます。ここでは手描きした図面をスキャナで画像化し、Jw_cad図面に貼り付け、正しい縮尺に調整する方法の要点を紹介します。

① 手描きの配置図兼1階平面図をスキャナでスキャンし、必ずJPEG形式（拡張子「.jpg」）の画像として保存し、GIMPで画像の明るさを調整する（⇒p.81～）。

② Jw_cadを起動し、新規図面を開いたら、スキャン画像を貼り付ける基準線をかく。ここでは、線色1、一点鎖線1の線属性で、3640mm間隔で縦横各4本かく。

③ 「文字」コマンドのコントロールバー「文読」で、図のような位置に仮に貼り付ける。

仮に貼り付けた手描きのスキャン画像と②で作図した基準線とのスケールが違いすぎるので、次ページで調整します。

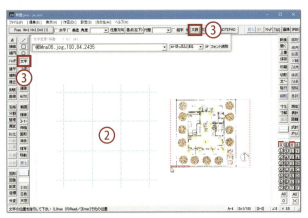

ここでは「画像編集」コマンドではなく「文字」コマンドを使っている

④ 仮に貼り付けた画像を選択すると、前ページの図から、画像の大きさが「100,84.2435」とわかるが、画像の幅である「100」の数値を変更して、画像が基準線と同等スケールに近づくまで試行錯誤で調整する（ここでは「244」でほぼ合致）。

> **注意!** 画像の大きさの調整は、数字をこまめに変更しながら、できるだけ近い数値を決めるしかありませんが、スキャン時に画像が多少歪んでいる可能性もあるので、縦横の大きさは完全には整形にはならない場合が多いです。あまり気にする必要はありません。

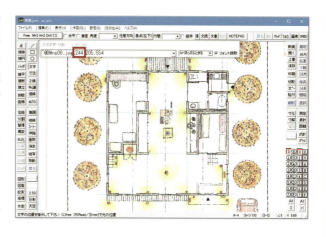

⑤ ②で作図した基準線はもう不要なので消去し、必要に応じて、「文字」コマンドで画像の上に手描き時に書かなかった部屋名を記入する。

⑥ 同様にして、手描きの2・3階平面図もスキャンして、貼り付ける。

下図は、手描き図面に加え、メモ帳で書いた長い文章、写真なども貼り付けたプレゼン図面の実例です（高校で指導した生徒が作成）。

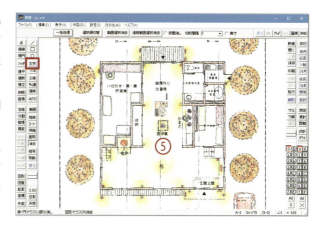

名古屋工業大学主催「エネルギーと環境」コンペティション（2009年）の優秀賞受賞作品
テーマ「持続可能な暮らしのできる住まいの設計」（甲府工業高校建築科の生徒の作品）

送付先FAX番号 ▶ 03-3403-0582　　メールアドレス ▶ info@xknowledge.co.jp
インターネットからのお問合せ ▶ http://xknowledge-books.jp/support/toiawase

FAX質問シート
高校生から始める Jw_cad 建築プレゼン入門 ［Jw_cad8 対応版］

以下を必ずお読みになり、ご了承いただいた場合のみご質問をお送りください。

- ●「本書の手順通り操作したが記載されているような結果にならない」といった本書記事に直接関係のある質問のみご回答いたします。「このようなことがしたい」「このようなときはどうすればよいか」など特定のユーザー向けの操作方法や問題解決方法については受け付けておりません。
- ●本質問シートで、FAX またはメールにてお送りいただいた質問のみ受け付けております。お電話による質問はお受けできません。
- ●本質問シートはコピーしてお使いください。また、必要事項に記入漏れがある場合はご回答できない場合がございます。
- ●メールの場合は、書名と当質問シートの項目を必ずご入力のうえ、送信してください。
- ●ご質問の内容によってはご回答できない場合や日数を要する場合がございます。
- ●パソコンや OS そのもの、ご使用の機器や環境についての操作方法・トラブルなどの質問は受け付けておりません。

ふりがな
氏　名　　　　　　　　　　　　　　年齢　　　　　歳　　　性別　男　・　女

回答送付先（FAX またはメールのいずれかに○印を付け、FAX 番号またはメールアドレスをご記入ください）

FAX　・　メール

※送付先ははっきりとわかりやすくご記入ください。判読できない場合はご回答いたしかねます。電話による回答はいたしておりません。

ご質問の内容　　※ 例）○○○ページの手順3までは操作できるが、手順4の結果が別紙画面のようになって解決しない。
【 本書　　　　　ページ　～　　　　　ページ 】

ご使用の Jw_cad のバージョン　　※ 例）Jw_cad 8.03a （　　　　　　　　　　　　　　　　）

ご使用の OS のバージョン（以下の中から該当するものに○印を付けてください）

Windows 10　　　8.1　　　8　　　7　　　その他（　　　　　　　　　　　　　　　　）

CHAPTER 5

SketchUpでJw_cad図面のパースを作成

CHAPTER 1（⇒p.19〜）で準備したSketchUpの基本操作方法（本書での作図に使う機能に限る）を説明したあと、Jw_cadの図面（平面図、立面図）を下絵にして、3次元パースを作成します。

Jw_cad図面を下絵にして作成した3次元パースの完成例

5.1 SketchUp用プラグインの準備

CHAPTER 1（⇒p.19 ～）で準備したSketchUpをより便利に使用するためのプラグイン2種類を、付録CDからインストールします。

▼ Jw_cad図面をエクスポートしSketchUpに貼り付ける外部変形およびSketchUpプラグイン　RSJwwについて

正式名称、本書執筆時点でのバージョン	RSJww
作　者	HinoADO
価　格	フリーウェアなので無料。個人で非営利に使用する場合に限る
ファイルの入手先	HinoADO archives　http://hinoado.com/JS/　付録CDに収録

▼ SketchUpで各種の窓やドアを簡単に生成できるSketchUpプラグイン　windows_kaiについて

正式名称、本書執筆時点でのバージョン	windows_kai
作　者	秋天越
価　格	フリーウェアなので無料。個人で非営利に使用する場合に限る
ファイルの入手先	天越ブログ弐　http://akitenh.dip.jp/blog/　付録CDに収録

5.1.1　RSJwwプラグインの準備

ここでは、付録CDの「使用ソフト」フォルダ→「RSJww_2018-04-08」フォルダを収録してあるので、これをパソコンにインストールします。

① パソコンを起動して、付録CDをCD（またはDVD）ドライブにセットし、Windowsのエクスプローラなどでcmのウィンドウを開く（自動的に開く場合もある）。

② 「使用ソフト」フォルダ→「RSJww_2018-04-08」フォルダを👀👀して開く。

③ さらに「Jwwのインストールフォルダに置くファイル」フォルダを👀👀して開く。

④ 「Jwwのインストールフォルダに置くファイル」フォルダ内にある「Texture」フォルダと「RSJww」を両方とも選択してから🖱（右）し、開くメニューの「コピー」を🖱する。

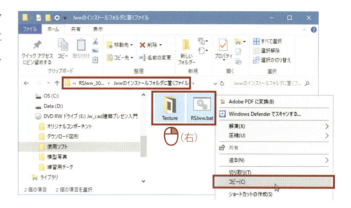

⑤ 「C:」（図では「OS (C:)」）ドライブの「jww」フォルダを選択してから🖱（右）し、開くメニューの「貼り付け」を🖱して、「Texture」フォルダと「RSJww」を「jww」フォルダにコピー＆貼り付けする。

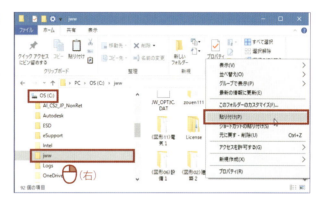

⑥ ③の「RSJww_2018-04-08」フォルダに戻って、「SketchUpのPluginsフォルダに置くファイル」フォルダを🖱🖱して開く。

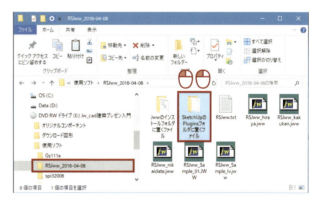

⑦ 「SketchUpのPluginsフォルダに置くファイル」フォルダにある「rsico」フォルダと「RSJww.rb」を両方とも選択してから🖱（右）し、開くメニューの「コピー」を🖱する。

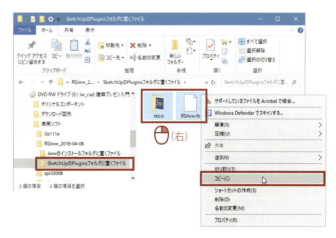

⑧「C」ドライブの「ユーザー」フォルダ→「(ユーザー名)」フォルダ→「AppData」フォルダ→「Roaming」フォルダ→「SketchUp」フォルダ→「SketchUp2019」フォルダ→「SketchUp」フォルダ→「Plugins」フォルダを選択してから🖱(右)し、開くメニューの「貼り付け」を🖱する。

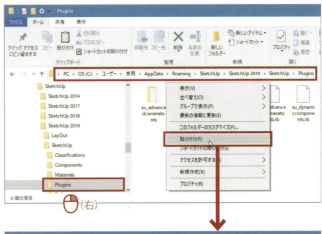

以上で、RSJwwプラグインがインストールできました。

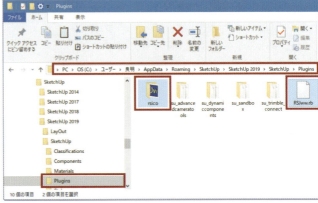

引き続き、SketchUpに「RSJww」ツールバーを表示するように設定します。

⑨ SketchUpを起動(⇒p.22)すると図のような「RSJww」ツールバーが開くので、作図操作の妨げにならないよう、「RSJww」ツールバーをマウスドラッグして、上部の基本ツールバーの並びに配置する。

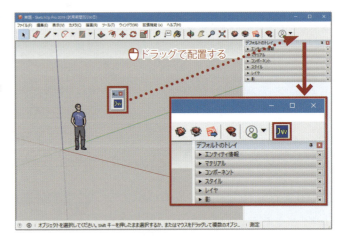

⑩「デフォルトのトレイ」の📌を🖱してピンを横向きマーク📌に変え、トレイを自動的に隠すようにする(隠した状態は次ページの図を参照)。

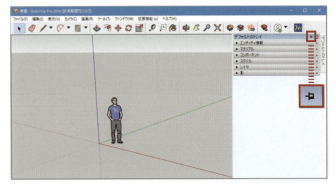

⑪ このファイルは保存せずに、SketchUpを終了する（⇒p.24）。

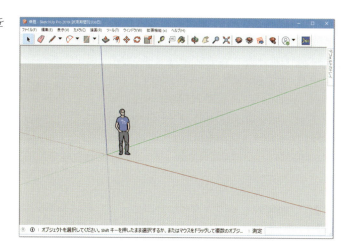

5.1.2　windows_kaiプラグインの準備

引き続き、付録CDの「使用ソフト」フォルダ→「windows_kai」フォルダに収録してあるので、これをパソコンにインストールします。

① パソコンを起動して、付録CDをCD（またはDVD）ドライブにセットし、Windowsのエクスプローラなどでcd-ROMのウィンドウを開く（自動的に開く場合もある）。

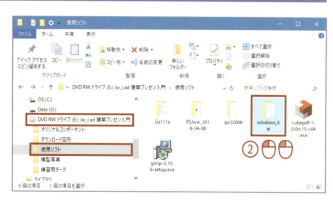

② 「使用ソフト」フォルダ→「windows_kai」を🖱🖱する。

③ 「windows_kai」フォルダに、以下の4つのファイルがあることを確認する。
　parametric.rb
　wdoors_kai.rb
　windows_kai.rb
　windows_kai.txt

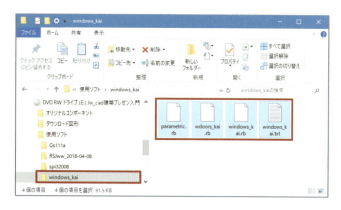

④ ③の4つのファイルをすべて選択し、これまでと同様の右クリックメニューによるコピー&貼り付け操作を行い、「C」ドライブの「ユーザー」フォルダ→「(ユーザー名)」フォルダ→「AppData」フォルダ→「Roaming」フォルダ→「SketchUp」フォルダ→「SketchUp 2019」フォルダ→「SketchUp」フォルダ→「Plugins」フォルダにコピーする。

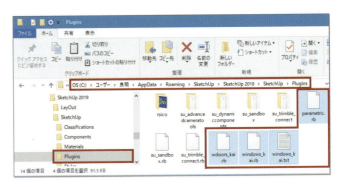

以上で、windows_kaiプラグインがコピーできたので、引き続き、SketchUpにwindows_kaiが組み込まれたかどうかを確認します。

⑤ SketchUpを起動(⇒p.22)し、メニューバー「描画」を🖱し、「WDoors」と「Windows」がプルダウンメニューに納められていることを確認する。

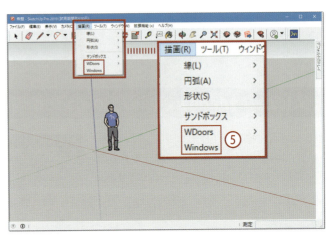

⑥ SketchUpを終了する(⇒p.24)。

以上で、SketchUpのプラグインの準備は完了です。

5.2 SketchUpの基本

5.3節からは、Jw_cad図面の配置図兼平面図および東西南北立面図を下絵として、SketchUpでパースを作図しますが、ここではその操作がスムーズにできるよう、SketchUpの基本をひととおり説明します。SketchUpの機能は膨大なので、本書では、パースの作図に最低限必要となる基本の機能や操作方法を学ぶにとどめます。

5.2.1 SketchUpの画面構成

まずはSketchUpを起動します（⇒p.22）。下図はSketchUp起動時の本書における画面構成です（⇒p.24）。本書で扱う基本的な部分の名称および機能を説明します。

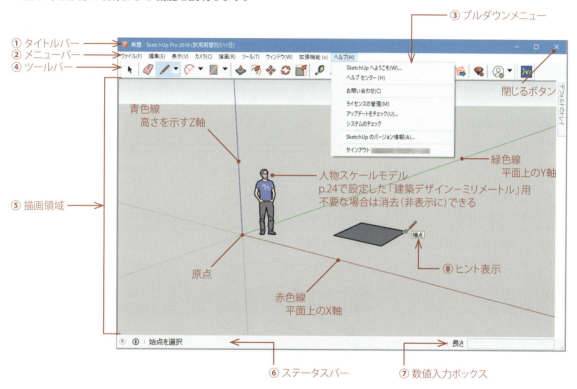

① タイトルバー	：現在開いているskpファイルの名称が表示される。右端には閉じるボタンなどが配置される。
② メニューバー	：メニューを🖱すると③のプルダウンメニューが開く。すべてのツールが納められている。
③ プルダウンメニュー	：メニューごとにツールが分類して納められている。
④ ツールバー	：ツールボタンが納められている。初期設定では使用頻度の高い「基本」ツールバーのツールだけだが、メニューバー「表示」→「ツールバー」を🖱して開くプルダウンメニューにより、必要なツールをいつでも追加表示できる。
⑤ 描画領域	：図形モデルを作図する領域である。X軸（赤色線）、Y軸（緑色線）、Z軸（青色線）が表示されている。初期設定では人物モデルも配置され、スケール感が把握できるようになっている。
⑥ ステータスバー	：実行しているツールの説明や、次の操作を促すメッセージが表示される。
⑦ 数値入力ボックス	：作成中モデルの寸法値が表示される。逆に数値を入力して正確なモデルを作成できる。
⑧ ヒント表示	：モデル作成中にマウスポインタの近くに表示されるヒントとなる絵、文字、数値など。

5.2.2 本書で使用するSketchUpのツール

SketchUpのツールのうち、本書で使用する基本的なツールの名称および機能概要を示します。それぞれの詳細な操作方法は、使用する場面で適宜、説明します。なお、このうちの「オービット」ツールと「ズーム」ツールは使用頻度が高い機能なので、下図や次ページで説明しているとおり、マウスホイールボタンで代替操作する方が簡単です。ただしWindowsのコントロールパネルやマウス付属のドライバソフトなどで中央ボタンや中クリックなどを設定しておく必要があります。設定方法はマウスごとに異なるので本書では割愛します。

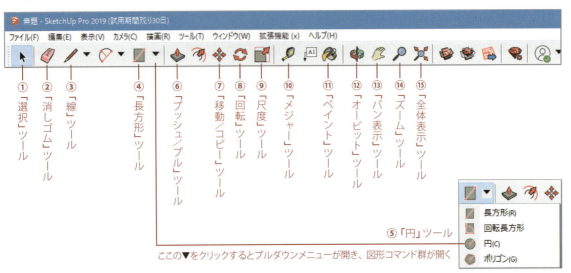

ここの▼をクリックするとプルダウンメニューが開き、図形コマンド群が開く

 ①「選択」ツール
操作対象を指定する。

 ②「消しゴム」ツール
指定した対象を消去する。

 ③「線」ツール
線を作図する。

 ④「長方形」ツール
長方形を作図する。

 ⑤「円」ツール
円を作図する。

 ⑥「プッシュ/プル」ツール
指定した面の引き出しや押し込み、貫通を行う。

 ⑫「オービット」ツール
マウスドラッグで描画領域の表示を回転する(ドラッグ方向に回転する)。マウスドラッグ距離(マウスホイール回転距離)が大きいほど回転角度は大きくなる。このツールを選択しなくても、マウスホイールボタンを押したままのドラッグで同じことができる。

 ⑦「移動/コピー」ツール
指定した対象を移動(「Ctrl」キーと組み合わせるとコピー)する。

 ⑧「回転」ツール
指定した対象を回転する。

 ⑨「尺度」ツール
指定した対象を尺度変更および伸縮する。

 ⑩「メジャー」ツール
指定した対象の寸法値などを測定する。ガイドラインをかく。

 ⑪「ペイント」ツール
指定した面の表示を指定色やマテリアル(素材)に変更する。

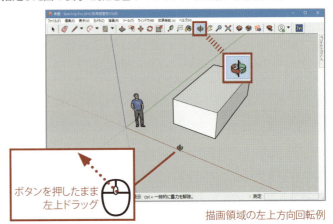

ボタンを押したまま左上ドラッグ

描画領域の左上方向回転例

⑬「パン表示」ツール

マウスドラッグで描画領域の表示を二次元(平面)的に移動する。マウスドラッグ距離(マウスホイール回転距離)が大きいほど移動距離は大きくなる。

このツールを選択しなくても、「Shift」キーとマウスホイールボタンを両方とも押しながらのドラッグで同じことができる。

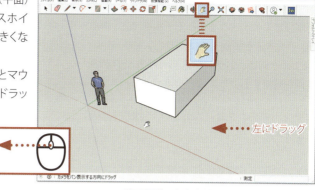

描画領域の左方向移動例

⑭「ズーム」ツール

マウスドラッグで描画領域の表示を拡大・縮小する。上方向ドラッグで拡大、下方向ドラッグで縮小になる。マウスドラッグ距離(マウスホイール回転距離)が大きいほどズーム率は大きくなる。

このツールを選択しなくても、マウスホイールボタンの前回転(拡大)、後回転(縮小)で同じことができる。

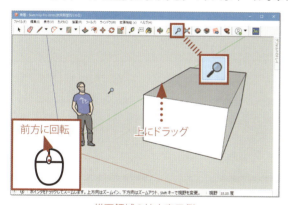

描画領域の拡大表示例

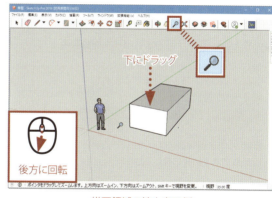

描画領域の縮小表示例

⑮「全体表示」ツール

このツールを🖱すると、描画領域に作図中のモデル全体を表示する。

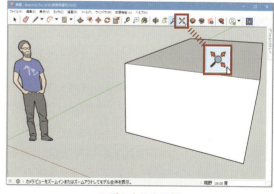

モデル全体表示例
(人物モデルと作図モデルが描画領域一杯に表示される)

5.2.3 人物モデルの選択と消去

初期設定で表示される人物モデルを消去（非表示）する方法を説明します。なお、作図中は、Jw_cadと同様、ステータスバーの表示で次の操作を確認するようにしましょう。

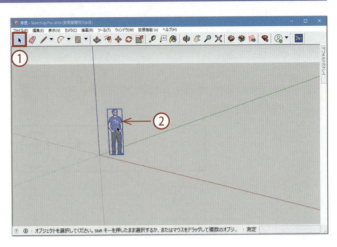

① SketchUpを起動し（⇒p.22）、「選択」ツールを🖱する。

② 人物モデルを🖱して選択する（マウスドラッグによる矩形範囲選択でも可）。

|情報☞ 解除する場合は、別の場所を🖱します。

③ 人物モデルで、今度は🖱（右）する。

④ 「コンテキストメニュー」と呼ぶメニューが開くので、「消去」を🖱する。

以上で人物モデルが消去されます（画面省略）。

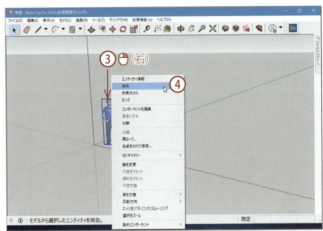

|情報☞ 以下の方法でも消去できます。
● モデルを選択したら、「Delete」キーを押す。
● 「消しゴム」ツールを選択しモデルを🖱する。

|情報☞ 消去直後ならば「Ctrl」+「Z」キーで復活します。ここでは元に戻しておきます。

One Point

「元に戻す」ツールと「やり直し」ツール

Jw_cadでいう「戻る」コマンドと「進む」コマンドは、SketchUpでは初期設定で非表示である「標準」ツールバー（画面上段のメニューから「表示」→「ツールバー」→「標準」にチェックを付けると開く）に配置されています。本書でも、描画領域を最大限確保するため表示しません。その代わり、キーボードの2つのキーを併用する代替機能（ショートカットキー）があるので、覚えておくと便利です。

　「元に戻す」ツール　「Ctrl」+「Z」キー
このツールを押すたびに1回前の画面に戻る。
「Ctrl」キーを押したまま「Z」キーを押す。

　「やり直し」ツール　「Ctrl」+「Y」キー
直前の「元に戻す」ツールの実行を取り消し、元に戻す前の画面に復帰する。
「Ctrl」キーを押したまま「Y」キーを押す。

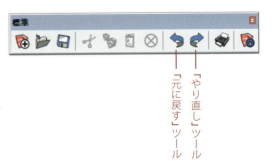

5.2.4 三角形の作図 ✏️

ここからSketchUpによるモデル（図形）の作図練習を始めます。作図したskpファイルは特に保存する必要はありません。

まず、X軸（赤色線）とY軸（緑色線）に平行な辺をもつ三角形を作図します。

① 「線」ツール✏️を🖱️する。

② 線の始点として、右図の位置付近で🖱️する。

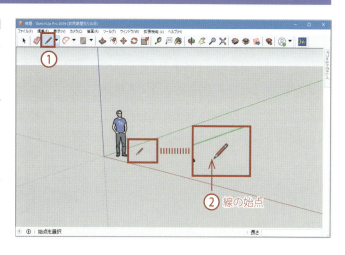

③ ②の位置から仮線がマウスポインタまで延びるので、そのまま仮線がY軸（緑色線）に平行になるようにマウスポインタを移動すると、仮線が緑色線に変わり、「緑の軸上」の文字が表示されるので、その状態で適当な位置で🖱️する。

最初の線（辺）が確定して黒色になります（結果は次の図）。

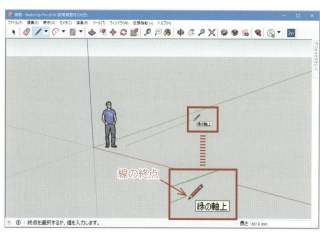

④ ③の位置から仮線がマウスポインタまで延びるので、そのままマウスポインタをX軸（赤色線）に近づけると、図のようにX軸（赤色線）と平行な赤色点線と「点から軸方向」の文字が表示されるので、その状態で適当な位置で🖱️する。

2本目の線（辺）が確定して黒色になります（結果は次ページの図）。

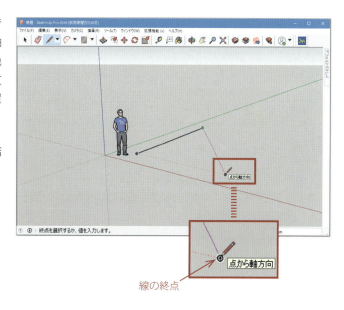

⑤ 最後に、マウスポインタを最初の始点に合わせ、「端点」の文字が表示されたら🖱する。

以上で、X軸（赤色線）とY軸（緑色線）に平行な三角形（直角三角形）が作成されます。この場合、線と同時に面も作成されていることがわかります（Jw_cadのソリッドのように内部が着色される）。

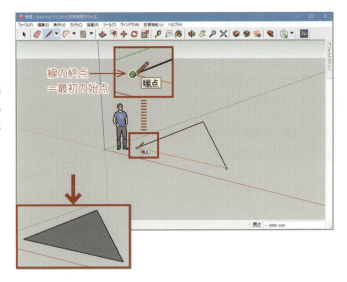

5.2.5　三角形の辺（エッジ）の消去🧽と作図

SketchUpのモデルは2つの要素である辺（エッジ）と面で構成されています。エッジは直線で、面は複数のエッジが平坦なループを形成したときにできる2D形状です。ここでは、最初にエッジだけを消去します。

① 「消しゴム」ツール🧽を🖱する。

② 図のように、前項で作図した三角形の1つの辺（エッジ）を🖱する。

図のように、エッジだけでなく、面も同時に消えてしまいます。

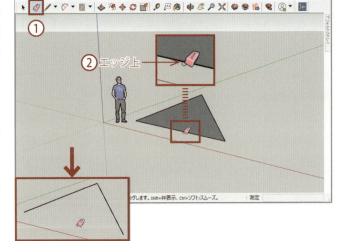

消去したエッジの部分に線を作図し、三角形を作り直しましょう。

③ 「線」ツール✏をする。

④ 図のように、残っている線の端点にマウスポインタを合わせ、「端点」の文字が表示されたら🖱する。

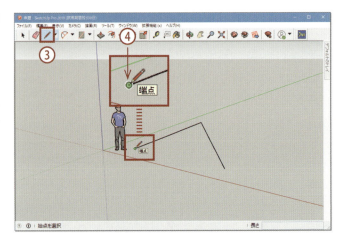

⑤ 同様に、残っているもう一方の線の端点にマウスポインタを合わせ、「端点」の文字が表示されたら🖱する。

三角形になると、図のように面も復活します。

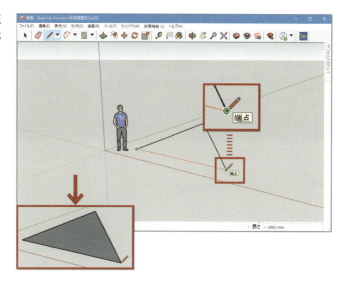

5.2.6 三角形の面の消去

面は「消しゴム」ツールでは消去できません。そこで、コンテキスト（右クリック）メニューの「消去」を使います。

① 「選択」ツール🔺を🖱する。

② 図のように、面の上で🖱(右) し、コンテキストメニューが開くので、「消去」を🖱する。

図のように、面のみが消去できます。

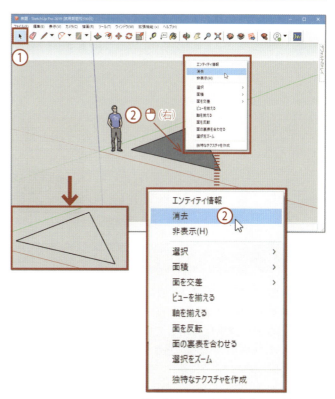

SketchUpのコンテキストメニューは便利なので覚えておくとよい

5.2.7 三角形の面の復活

面を復活させる方法は、三角形のどのエッジ上でもいいので、その上からもう一度、線をなぞるようにかきます。

① 「線」ツールを🖱する。

② 図のように、任意のエッジの上をなぞるように線をかく。右図は開始状態。

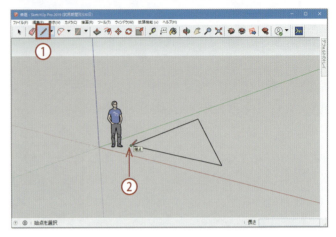

③ 右図は終了状態。

図のように、面が復活します。

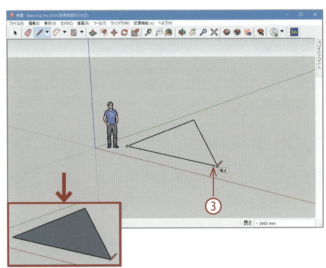

5.2.8 長方形の作図

前項で作図した三角形はそのままにしておいて、引き続き、その右隣付近に長方形を作図します。なお、説明は省略していますが、p.116〜117を参考に、画面の視点や拡大・縮小は、作図しやすいように適宜、変更してください。

① 「長方形」ツールを🖱する。

② 長方形の1つ目の頂点（角）として、図のような位置付近で🖱→（ドラッグ）する。

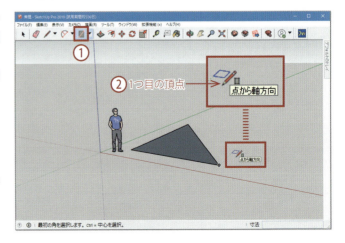

③ マウスドラッグすると、②の点とマウスポインタを対角点とする青色の仮長方形と、マウスポインタの位置によっては「正方形」や「黄金分割」の文字が表示される。

> **情報** ☞ 上記、任意の長方形または正方形や黄金分割長方形の状態でマウスボタンを離すと、その状態の長方形が作図されます。

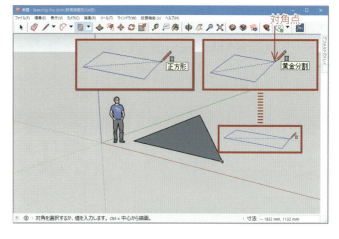

④ ここでは、寸法（横,縦）が「2000,1000」に決まった長方形をかいてみる。③の黒色の仮長方形の状態で、キーボードから「2000,1000」と入力し（数字と区切りカンマはいずれも半角）、「Enter」キーを押す。この時、画面右下部の数値入力ボックスには、キー入力した数値が表示されることを確認する。

> **注意！** 半角の数字やカンマ記号を入力する場合、Windowsのキーボードの入力モードを「半角英数」にしておく必要があります。

図のように、入力した寸法の長方形が作図されます。

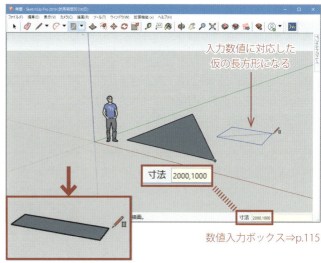

数値入力ボックス⇒p.115

5.2.9 面の引き出し（柱状立体化）

引き続き、SketchUp独特の機能である「プッシュ/プル」ツールを使った柱状立体の作図を試します。ここではまず、作図済みの面を3000mm引き出す（持ち上げて柱状立体にする）方法を説明します。

① 「プッシュ/プル」ツール を する。

② 作図済みの三角形の面を する。

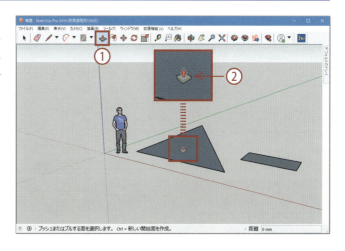

このままマウスポインタを上に移動すれば三角形の面が引き出されて三角柱になりますが、ここでは正確に高さ3000mmの三角柱を作図するので、数値をキー入力します。要領は前項の長方形の場合と同じです。

③ マウスポインタを少し上に移動して三角柱が引き出されたら、キーボードから「3000」と入力し、「Enter」キーを押す（数値入力ボックスを確認）。

図のように、入力した寸法の三角柱が作図されます。

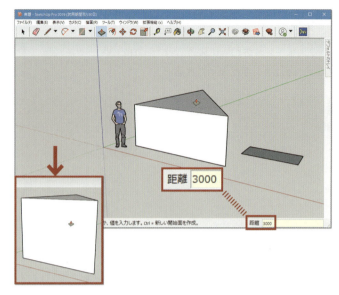

同様に、右隣の作図済みの長方形を高さ3000mmの四角柱にします。数値のキー入力ではない方法を紹介します。

④ 「プッシュ/プル」ツール のまま、作図済みの長方形の面を する。

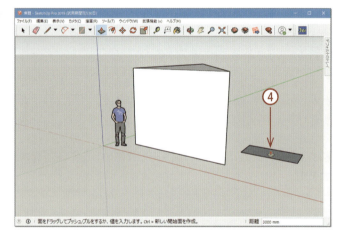

⑤ マウスポインタを隣の三角柱の上面に移動し、「端点」「中点」「面上」「エッジ上」などの文字が表示されたら する（念のため、数値入力ボックスを確認）。

以上の方法で、数値をキー入力しなくても、四角柱の高さが三角柱と同じ高さに自動的に揃えられます。

情報☞ SketchUpは直近の③で入力した「3000」を記憶しているため、同じ値でよいこの場面では、④で長方形の面を するだけでも、三角柱と同じ高さになります。こういう裏技もあります。

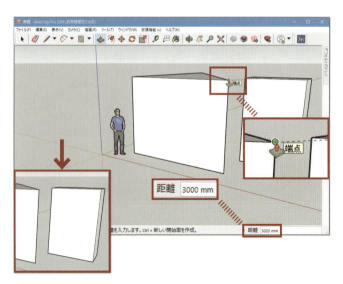

5.2.10 立体の側面に円を作図し、その形で立体を貫通

面の表面に円を作図します。ここでは、前項で作図した四角柱の側面に半径400mmの円を作図してみます。

① 図の▼をクリックするとプルダウンメニューが開くので、「円」ツールをクリックする（⇒p.116）。

② 図のように、マウスポインタを四角柱の側面上に移動し、「面上」の文字と緑色の仮円が表示されたらクリックする（結果は次項の図を参照）。

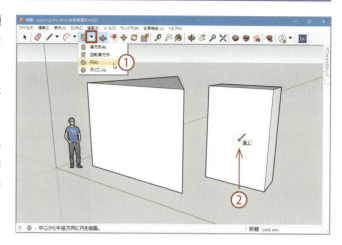

マウスポインタを移動すれば円の大きさを任意に決められますが、ここでは正確に半径400mmの円を作図するので、数値をキー入力します。

③ キーボードから「400」と入力し、「Enter」キーを押す（数値入力ボックスを確認）。

図のように、入力した半径寸法の円が作図されます。

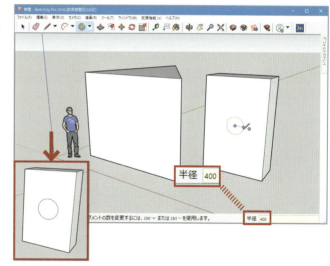

ここで、上記で作図した円を使って、四角柱の側面を反対側まで円形に貫通させます。

④「プッシュ/プル」ツールをクリックする。

⑤ 作図済みの円をクリックする。

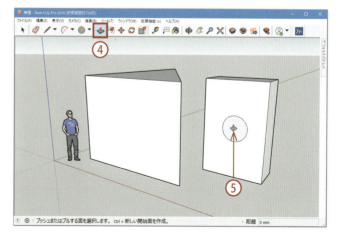

⑥ マウスポインタを奥に移動し少しくぼんだところで、キーボードから「1000」（最初にかいた長方形の縦寸法に合わせる）と入力し、「Enter」キーを押す（数値入力ボックスを確認）。

以上で、円は反対側の面まで正確に貫通し、円形の穴が空きます。

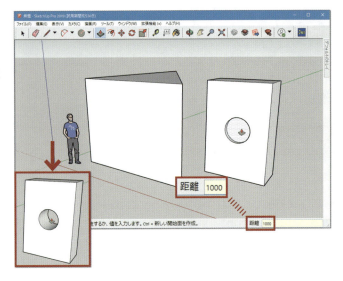

5.2.11　モデルの移動と複写

作図したモデル（三角柱や四角柱のこと）を移動したり、複写（コピー）します。まず、四角柱を指定位置に移動します。

① 「選択」ツールを🖱する。

② 図のように、四角柱全体をマウスドラッグによる矩形範囲選択で囲む（結果は次の図）。

情報☞ 四角柱と三角柱が重なって見える場合は、「オービット」ツールなどで視点を変更します。

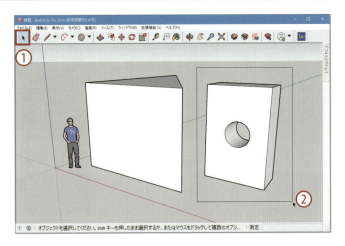

③ ここで、「移動/コピー」ツールを🖱する。

④ 図のように、「端点」の文字の状態で🖱する。

この点が、Jw_cadでいう図形移動の基準点になります。

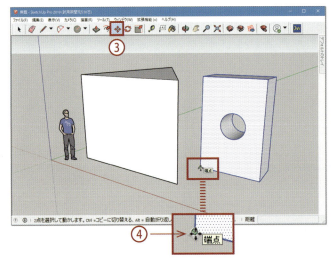

⑤ マウスポインタを左隣の三角柱の図の端点に移動し、「端点」の文字の状態で🖱する。

以上で、四角柱が三角柱にくっつく位置に移動します。

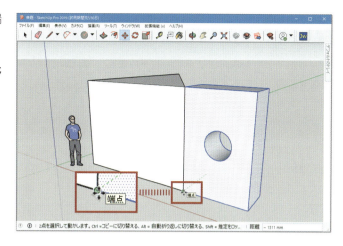

引き続き、今度は四角柱を任意の位置に複写します。

⑥ 「Ctrl」キーを押す。

マウスポインタの形状に「+」が付加され、これが「複写」できる状態であることを示しています。

⑦ 図のように、「端点」の文字の状態で🖱する。

この点が、Jw_cadでいう図形複写の基準点になります。

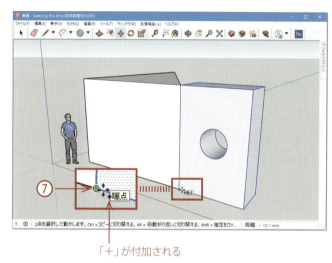

「+」が付加される

⑧ 仮の四角柱が表示されるので、マウスポインタを適当に移動し、🖱する。

以上で、四角柱が任意の位置に複写されます。

5.2.12 モデルの回転 🔄

作図したモデルを回転させます。モデルを回転させる前に、まず不要なモデルをまとめて消去します。

① 「選択」ツール🖱を🖱する。

② 図のように、人物、三角柱、四角柱をマウスドラッグによる矩形範囲選択でまとめて囲む。

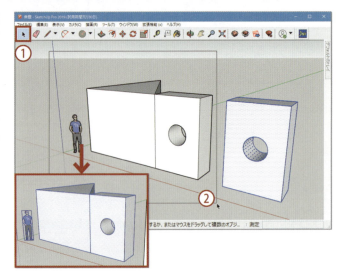

③ 選択したモデルの任意の場所で🖱（右）する。

④ コンテキストメニューが開くので、「消去」を🖱する。

情報☞ モデルの選択状態で「Delete」キーを押しても消去できます。

図のように、選択したモデルが消去されます。

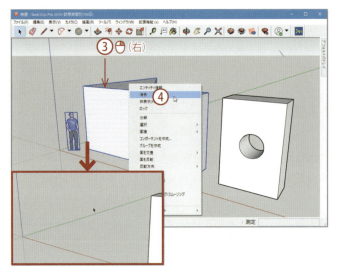

残った四角柱モデルを回転させますが、回転操作をわかりやすく説明するため、ここでは四角柱の1つの頂点を原点に合わせます。前項で学んだ移動で行います。

⑤ 「選択」ツール🖱を確認して、図のように、四角柱をマウスドラッグによる矩形範囲選択で囲む（結果は次の図）。

情報☞ 四角柱を🖱🖱🖱（左トリプルクリック⇒p.10）しても選択できます。こういう裏技もあります。

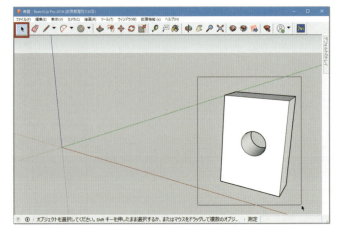

⑥「移動/コピー」ツール ❖ を🖱し、図のように、「端点」の文字の状態で🖱する。

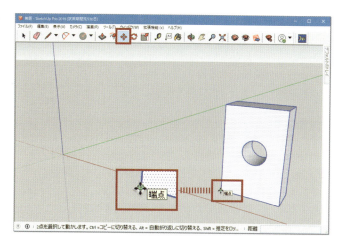

⑦ マウスポインタを移動し、図のように「原点」の文字の状態で🖱する。

以上で、図の四角柱の頂点が原点に一致するように移動します。

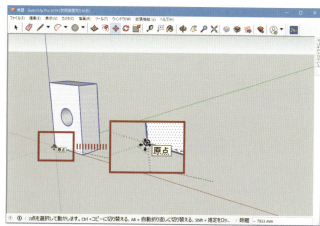

それでは四角柱を回転させます。引き続き、四角柱が選択された状態のまま、作図します。

⑧「回転」ツール 🔄 を🖱する。

⑨ マウスポインタを面の上に移動すると、面の位置によって表示される分度器の色が変わることを確認する。

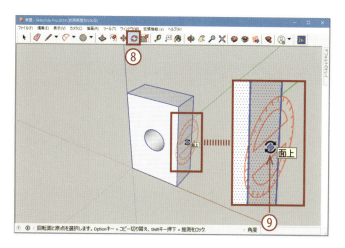

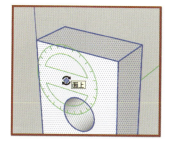
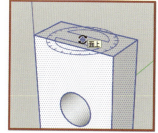

まず、X軸（赤色線）を回転軸にして四角柱を90°回転する例を説明します。

⑩ 赤色の分度器になる面の上にマウスポインタを移動し、「面上」の文字の状態にする。

情報☞ モデルの面に分度器の絵を合わせると、その面に水平な分度器に切り替わり、その面に垂直な軸の線色に切り替わります。ここでは、赤色線（X軸）に垂直な面なので、赤色の分度器が表示されます。この分度器がそのまま円盤のように回転するように、選択しているモデルを回転できます。

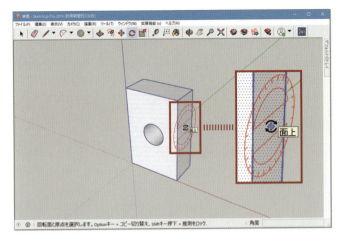

⑪ マウスポインタを移動し、「端点」の状態で🖱する。

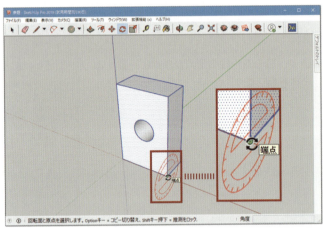

⑫ X軸（赤色線）上で🖱し、X軸を回転軸に設定する。

⑬ マウスポインタを図のような方向に移動する。

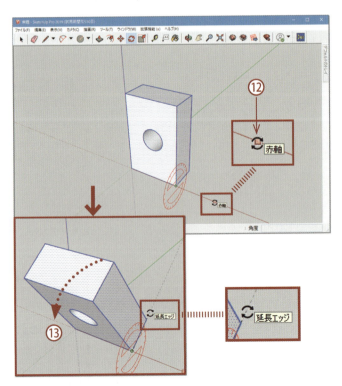

⑭ 図のように、90°回転させた位置(「青い軸上」の文字の状態)で🖱する。

以上で、四角柱のX軸(赤色線)を回転軸とする回転は終了です。

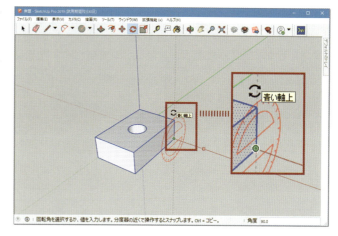

引き続き、Y軸(緑色線)を回転軸にして四角柱を90°回転する例を説明します。操作要領はX軸の場合と同じなので、図で作図操作の流れだけを示します。

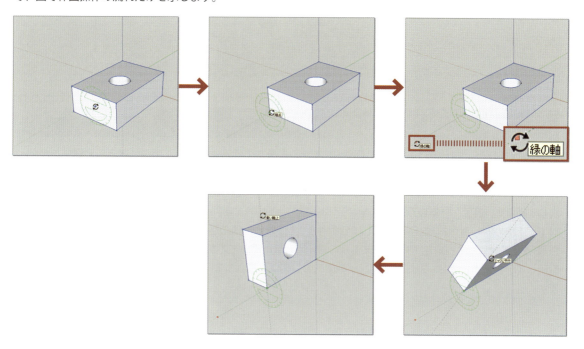

引き続き、Z軸（青色線）を回転軸にして四角柱を90°回転する例を説明します。操作要領はX軸の場合と同じなので、図で作図操作の流れだけを示します。

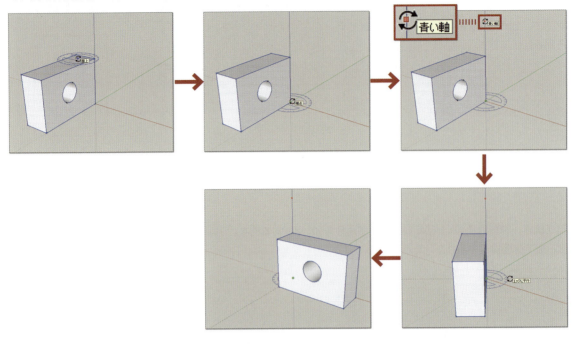

「5.2.12 モデルの回転」を別の方法で行う

p.128～132の「5.2.12 モデルの回転」で説明してきたモデルの回転方法には、手順はほとんど同じながら、もう1つ別の方法があるので、ここで紹介します。モデルの回転方法は、3次元ゆえに複雑でわかりにくいところがあり、どちらの方法も一長一短ですが、5.7節などで実際に行うパースの作図では、ここでの方法を採用しています。適宜、参照してください。

以下、上記のZ軸（青色線）を回転軸にして四角柱を90°回転する例の最後の状態から開始し、p.130のX軸（赤色線）を回転軸にして四角柱を90°回転する例の最初の状態に戻るまでを、X軸回転→Y軸回転→Z軸回転の順に説明していきます。なお、Y軸回転およびZ軸回転の説明は、これまで同様、図で作図操作の流れだけを示します。

まず、X軸（赤色線）を回転軸にして四角柱を90°回転する例を説明します。

① 赤色の分度器になる面の上にマウスポインタを移動し、「面上」の文字の状態にする。

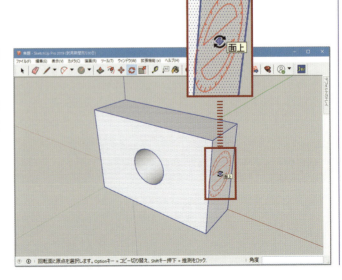

② 「Shift」キーを押したままにして、マウスポインタを図のように端点に移動し、🖱する。🖱したら「Shift」キーを離す。

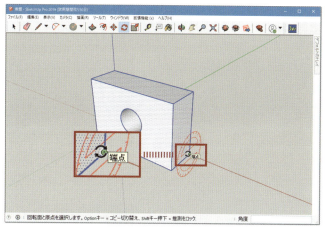

③ 図のように、分度器と水平に、0°となる基準線を原点（端点）から伸ばし（ここでは「緑の軸上」）、適当なところで🖱する。

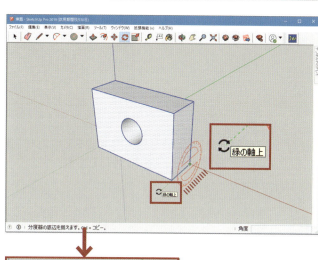

④ モデルがX軸を中心にして向こう側に回転するように、マウスポインタを図のような方向に移動する。

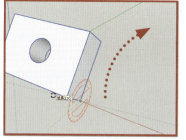

⑤ 数値入力ボックスで角度が「90.0」となったところ（「青い軸上」の状態）で🖱する。

以上で、四角柱のX軸（赤色線）を回転軸とする回転は終了です。

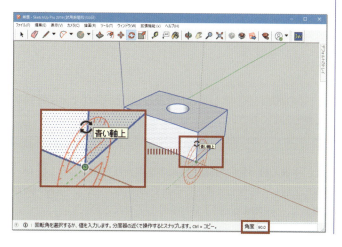

引き続き、Y軸（緑色線）を回転軸にして四角柱モデルを90°回転する例を説明します。操作要領はX軸の場合と同じなので、図で作図操作の流れだけを示します。

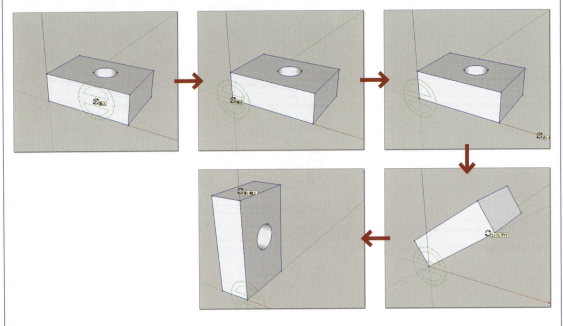

引き続き、Z軸（青色線）を回転軸にして四角柱モデルを90°回転する例を説明します。操作要領はX軸の場合と同じなので、図で作図操作の流れだけを示します。

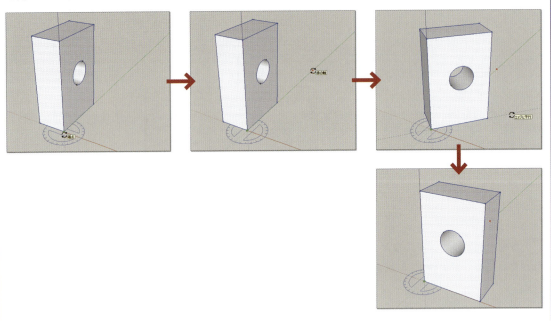

p.130の状態に戻りました。モデルの3次元回転が十分に理解できていないと思われる場合は、何度も繰り返し練習してください。

以上、本書で扱う範囲のSketchUpの基本操作を説明しましたが、実際にこのあとでパースを作成しながら、必要に応じて詳しく説明します。ここまでの図面ファイル（以降「skpファイル」と呼ぶ）を保存する必要はありません。このまま、SketchUpを終了（⇒p.24）してください。

5.3 Jw_cad図面をSketchUp用に加工

Jw_cad図面はSketchUpでパースを作成する際の下絵に使用するので、あらかじめJw_cad図面の不要な線や文字、記号などを消去し、加工しておきます。

5.3.1 配置図兼平面図および4つの立面図の加工

ここでは練習用データを利用してください。

① 付録CDの「練習用データ」フォルダ→「CH05」フォルダにある「CH05-01.jww」を、パソコン上の適当な場所（ここではデスクトップの「プレゼン図面」フォルダ）にコピーして保存してから、それを🖱🖱して開く。

CH05-01.jww

表示される各種図面から、まず配置図兼平面図の図面を加工します。次に、南立面図、西立面図、北立面図、東立面図の基準線と基準記号を消去し、地盤線の複線を1本にします。

② 図のように基準線、基準記号、寸法、文字、添景、便器などを消去する。

③ 図のように、南立面図、西立面図、北立面図、東立面図の基準線と基準記号を消去し、地盤線の複線を1本にする。

④ ツールバー「上書」（またはメニューバー「ファイル」→「上書き保存」）を🖱し、この図面ファイルを上書き保存する。なお、Jw_cadは終了しないでこのままにしておく。

残りの屋根伏図とA-A断面図は、パースをかく際には使用しないので加工しません。

この図面ファイルを付録CDの「練習用データ」フォルダ→「CH05」フォルダに「パース用図面.jww」として収録してあるので、以降の練習用データとして利用できます。

パース用図面.jww

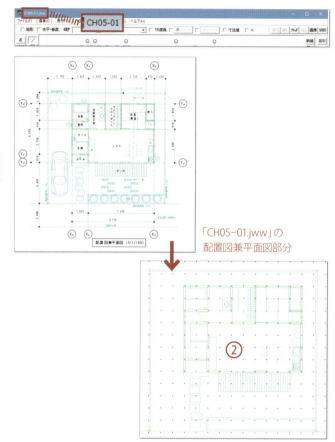

「CH05-01.jww」の配置図兼平面図部分

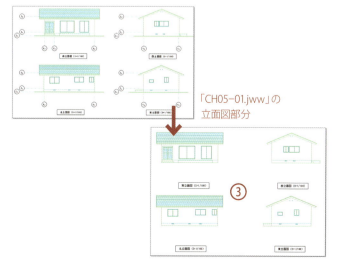

「CH05-01.jww」の立面図部分

5.4 Jw_cad図面をSketchUpにインポートし、敷地などを作図

インストール済みのJw_cad用外部変形プログラム「RSJww.bat」とSketchUp用プラグイン「RSJww」を使って、5.3節で加工したJw_cad図面の配置図兼平面図をエクスポートします。さらにそれをSketchUpの描画領域にインポートし、下絵として使って、敷地などを作図します。

5.4.1 配置図兼平面図のインポート

5.3節で加工した「CH05-01.jww」を引き続き使用します。ここから作図を開始する場合は、同じ内容の「パース用図面.jww」（付録CDの「練習用データ」フォルダ→「CH05」フォルダに収録）を利用できます（ここでは「パース用図面.jww」を使っています）。

① SketchUpを起動する。2回目に起動するときは、SketchUp2019アイコンを🖱🖱した直後に図の「ファイル」ウィンドウが開くので、「建築図面表記　ミリメートル」を🖱する。

作図操作のときに邪魔になることが多い人物モデルを消去（非表示化）します。

② 人物モデルを消去する（⇒p.118）。

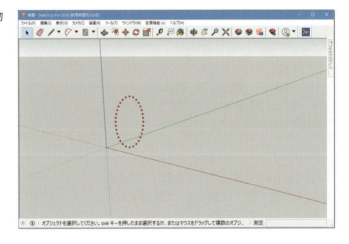

ここでJw_cadに切り替え、外部変形プログラム「RSJww.bat」を使って、Jw_cad図面をエクスポート（SketchUp図面に渡すための変換出力のこと）します。

③ Jw_cadに切り替え、メニューバー「その他」→「外部変形」（ツールバー「外変」）を🖱する。

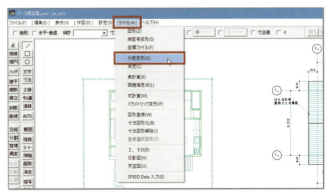

④「ファイル選択」ダイアログが開くので、左部で「jww」フォルダを🖱してから、右部で「RSJww.bat」を🖱🖱して、外部変形プログラムを実行する。

⑤ 図面に戻るので、コントロールバー「基点指定」を🖱する。

⑥ 作図ウィンドウ上部に「RSjwwでスケッチアップに読み込む要素を選択してください。」と表示されることを確認する。

⑦ 図のように、矩形範囲選択で配置図兼平面図全体を選択する。

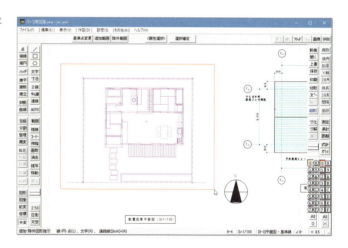

⑧ コントロールバー「基準点変更」を🖱する。

⑨ 平面図の敷地の左下角を🖱（右）し、基準点に設定する。

⑩ コントロールバー「選択確定」を🖱する。

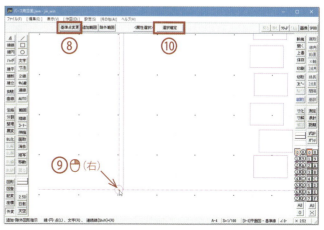

再び、SketchUpに切り替えます。

⑪ SketchUpに切り替え、p.112で設定した「RSJww」ツールバー🔳を🖱する。

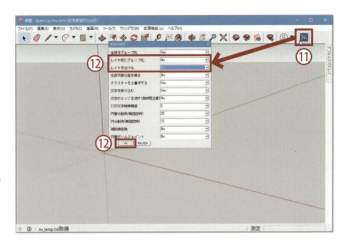

⑫ 「変換条件設定」ダイアログが開くので、「レイヤ別にグループ化」「レイヤを分ける」をそれぞれ「No」に変更し、「OK」を🖱する。

⑬ さらに「SketchUp」ダイアログが開くので、「OK」を🖱する。

以上で、SketchUpの描画領域に、前ページで外部変形プログラムを実行したJw_cad図面の配置図兼平面図部分がインポートされ、「レイヤ」パレットの「Layer0」に入ります。

> **情報☞** 以降、レイヤをこまめに切り替えてパースを作図していくので、「レイヤ」パレットの表示は、設定や確認のために重要な役割を果たします。なお、「レイヤ」パレットが、作図上邪魔になる場合は、パレット最上部のタイトルバーを🖱すれば、図のようにパレットのタイトルバー以外が非表示になります。再度、タイトルバーを🖱すれば元の表示に戻ります。

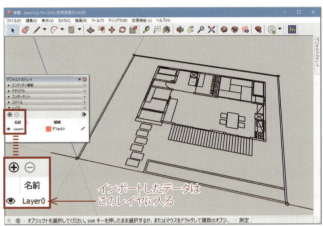

図のように、インポートされた配置図兼平面図を拡大表示してみると、交点や端点が強調されていることがわかります。次に、図面を見やすくするため、これらの交点や端点を消します。
なお、SketchUp Pro 2019では設定が変わり、交点や端点が強調されることはありません。したがって、その場合は次ページの⑰に進んでください。

> **注意!** インポートがうまくいかない場合は、Jw_cadを「C:¥jww」以外（USBメモリなどのメディア）から起動している可能性があります。

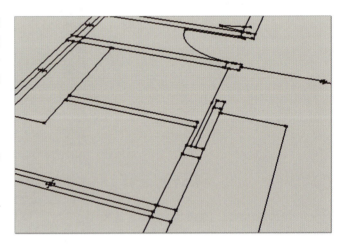

⑭ 「デフォルトのトレイ」→「スタイル」を🖱する。

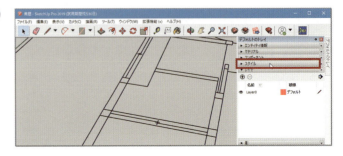

⑮「スタイル」パレットが開くので、「編集」タブを🖱して選択する。

⑯「延長エッジ」「端点」のチェックを外す（最初から外れている場合はそのままでOK）。

図のように、強調されていた交点や端点がなくなり、図面がすっきりします。交点や端点は、パースの作図には不要です。

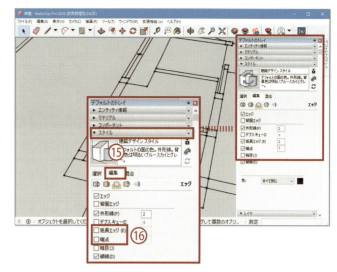

⑰ メニューバー「ファイル」を🖱し、「保存」または「名前を付けて保存」を🖱する。

⑱「名前を付けて保存」ダイアログが開くので、保存場所にデスクトップの「プレゼン図面」、ファイル名に「課題パース」と入力し、「保存」を🖱する。

このskpファイルは、「練習用データ」フォルダ→「CH05」フォルダに「CH05-04-01.skp」として収録してあります。

以降、「課題パース.skp」にパースの作図を行っていきますが、これと同じ内容のskpファイルを適宜、付録CDに収録してあります。ご自分で保存していく「課題パース.skp」でも、付録CDに収録した練習用データでも、どちらで作図練習を行ってもかまいません。

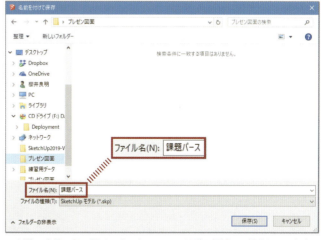

※ 以降、支障のない限り、SketchUpの画面は描画領域のみ掲載しています。

5.4.2 「敷地」レイヤの作成

これより本格的なSketchUpでのパース作図になります。前項で保存したskpファイル「課題パース.skp」に作図していきます。ここでは、インポートした配置図兼平面図が下絵となります。まず「敷地」レイヤを設定します。以降、レイヤの扱いには十分注意してください。

① 「レイヤ」パレットの「⊕」を🖱する。

② 新しいレイヤ（「レイヤ1」）が追加されるので、キー入力で、レイヤ名「レイヤ1」を「敷地」に変更する。

③ ②で作成した「敷地」レイヤの右端の空白部分を🖱して「✎」を付ける。

この設定がSketchUpにおける現在の書込レイヤになります。しっかり覚えてください。

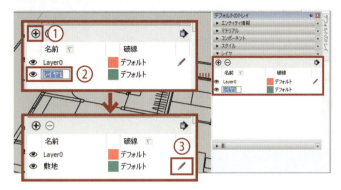

情報☞ 「Layer0」レイヤはレイヤ名を変更することができません。それ以外はすべて変更可能です。

情報☞ ③で説明した書込レイヤを表すアイコン「✎」は、バージョン2018まではラジオボタン「○または◉」でしたが、バージョン2019でこのアイコンに変更されました。

5.4.3 敷地、花壇、飛石の作図

前項で作成した「敷地」レイヤ（現在の書込レイヤ）に、インポートした配置図兼平面図を下絵として、敷地、花壇、飛石をトレースするようなイメージで作図していきます。操作要領はp.119〜123を参考にしてください。

① 「長方形」ツール▢を🖱する。

② 敷地の左下角（「端点 原点(RS Jww_Group)」）を🖱する。

③ 続けて、敷地の右上角（「端点(RS Jww_Group)」）を🖱する。

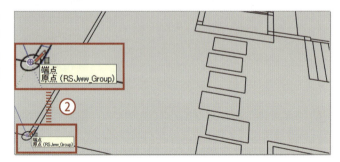

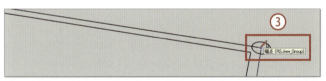

情報☞ 長方形の頂点を指示するとき、図のように「端点 (RS Jww_Group)」と表示されます。これは、RS JwwでJw_cadで作図した配置図兼平面図をSketchUpにインポートすると配置図兼平面図が1つのグループとして読み込まれるからです。このグループ化については、p.150で補足します。

以上で、敷地全体を表す長方形が作図できました。面になったので、内部が着色されます。

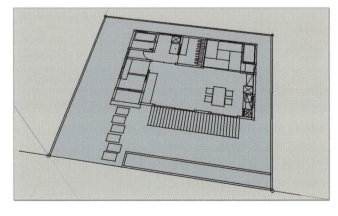

④ 引き続き「長方形」ツールのまま、同様にして、敷地の内側の長方形を作図する（壁＝塀となる）。なお、道路側は道路境界線までとする。敷地（壁＝塀）は二重平行線になっているので、ここでは内側の線で長方形を作図すればよい。

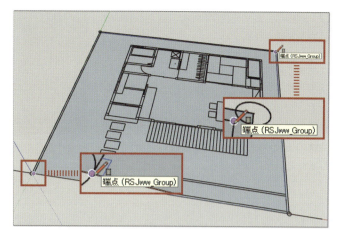

⑤ 同様に、道路側にある花壇を示す外側の長方形を作図する。

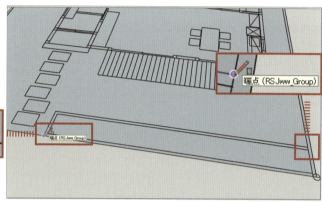

⑥ 同様に、道路側にある花壇を示す内側の長方形を作図する。

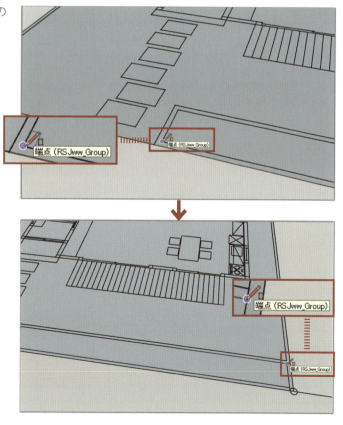

⑦ 同様に、玄関先アプローチの6つの飛石の長方形を順次作図する。

ここまではすべて長方形の作図なので、操作にまごつくことはなかったでしょう。このあとも、以前に練習した「プッシュ/プル」ツール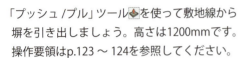による壁の引き出し（平面図形からの柱状立体の生成）なので、しばらく難しい操作はありません。続けましょう。

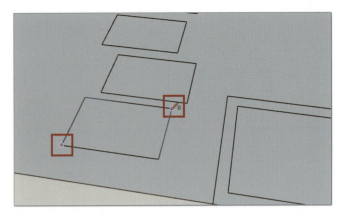

「プッシュ/プル」ツールを使って敷地線から塀を引き出しましょう。高さは1200mmです。操作要領はp.123～124を参照してください。

⑧「プッシュ/プル」ツールを🖱する。

⑨ 図のように、塀にする面を🖱する。

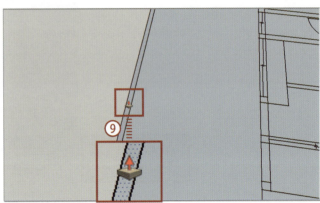

⑩ マウスポインタを上向きに少し移動する。

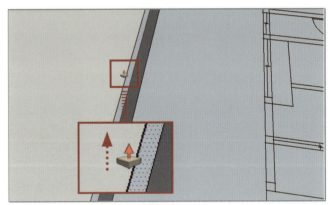

⑪ キーボードから「1200」と入力し、「Enter」キーを押して確定する（数値入力ボックスで確認）。

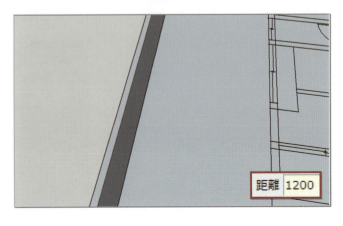

図のように、3面の塀が引き出されました。

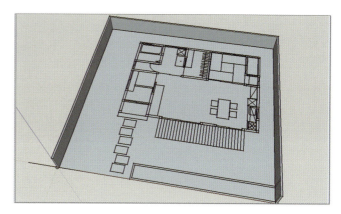

同様にして、花壇の土留めを引き出します。
高さは500mmです。

⑫ 花壇の土留めにする面を🖱してから、マウスポインタを上向きに少し移動する。

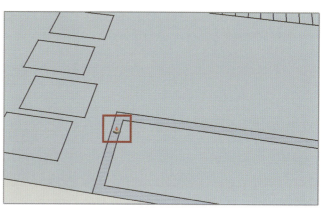

⑬ キーボードから「500」と入力し、「Enter」キーを押して確定する。

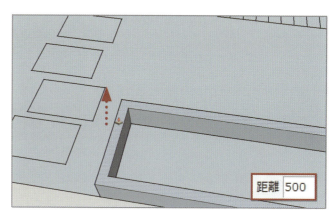

図のように、花壇の土留めが引き出されます。

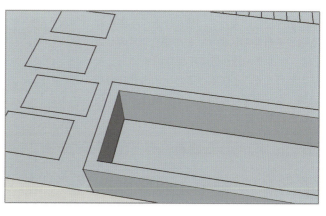

同様にして、花壇の内部（土の表面）を引き出します。高さは450mmとします（土留めから50mm下げる）。

⑭ 花壇の内部の底面を🖱してから、マウスポインタを上向きに少し移動する。

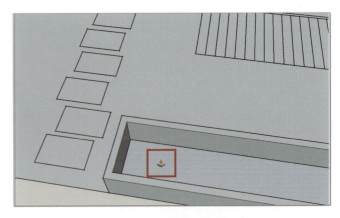

⑮ キーボードから「450」と入力し、「Enter」キーを押して確定する。

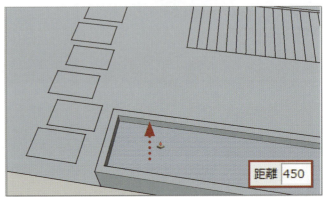

図のように、花壇の内部が引き出されます。

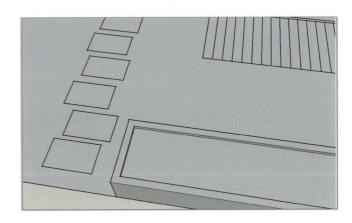

面の引き出しによって、見かけ上、不要になる線が多数発生します。その場合は、「消しゴム」ツール🧽を使って、不要な線を消去します。そうすることによってパースの見た目が自然になります。以降もこの作業は頻繁に行うことになります。

⑯ 「消しゴム」ツール🧽を🖱する。

⑰ 東側の塀と花壇の接合部の不要な4本の線を順次🖱し、消去する。

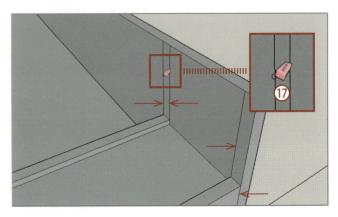

図のように消去されます。

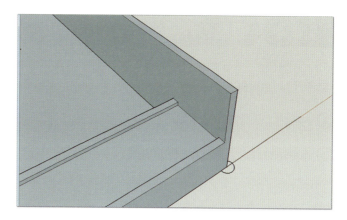

同様にして、次は玄関先の飛石を引き出します。厚さは50mmです。

⑱ 「プッシュ/プル」ツール🔲を🖱する。

⑲ 図の飛石を🖱する。

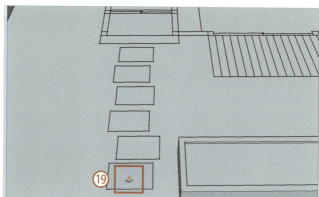

⑳ マウスポインタを上向きに少し移動し、キーボードから「50」と入力し、「Enter」キーを押して確定する。残りの飛石も同様の操作をする。

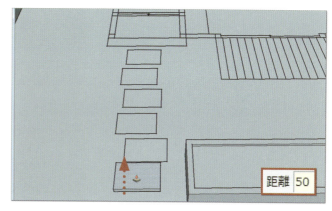

図は、飛石の引き出し結果です。

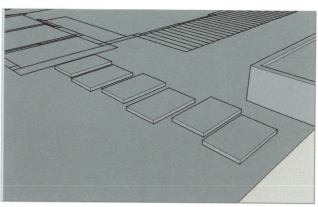

5.4.4 道路の作図

前項に引き続き、次は道路を作図します。書込レイヤは「敷地」レイヤのままです。

① 「長方形」ツール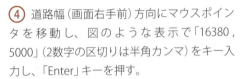を🖱する。

② 道路線の左端点（「端点」）を🖱する。

③ そのままマウスポインタを移動して、道路線の右端点（「端点 グループ内」）に合わせるが、こちらではまだ🖱はせず、数値入力ボックスに表示される長さが「16380mm」であることを確認する。

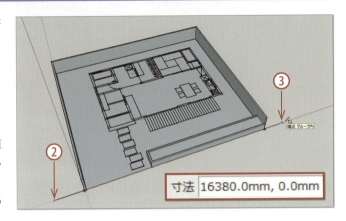

④ 道路幅（画面右手前）方向にマウスポインタを移動し、図のような表示で「16380，5000」（2数字の区切りは半角カンマ）をキー入力し、「Enter」キーを押す。

このように、既存の線を利用して、同じ長さの辺を持つ長方形を正確に作図することができます。

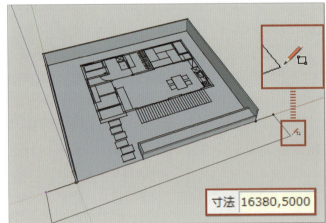

図は、道路の作図結果です。

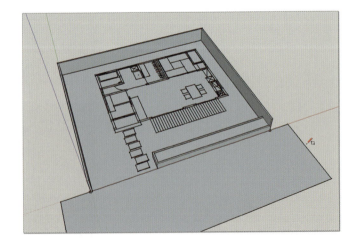

5.4.5 敷地や道路のペイント

これまでに作図したモデルの各部をペイント（着色）します。はじめに、敷地内の地面をペイントします。

① 「ペイント」ツール🖌️を🖱する。

② 「マテリアル」パレットが開くので、下の方にスクロールし、「造園、フェンスと生垣」を🖱する。

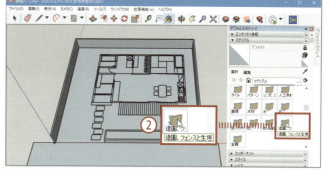

③ 図の部分にマウスポインタを合わせると、マテリアルの名称が表示されるので、「人工芝」を🖱する。

④ 敷地の地面を🖱する。

以上で、次の図のようにペイントされます。

引き続き、塀と花壇の土留めをペイントします。

⑤ 「マテリアル」パレットで、図の矢印アイコンを🖱して、①の状態に戻る。

⑥ 今度は「アスファルト/コンクリート」を🖱する。

⑦ 「コンクリート骨材 煙」を🖱する。

⑧ 塀と、花壇の土留めの見えている面を順次🖱する。繋がっている面は1回の指示で済む。

図は結果の一部です。陰影の濃度は自動で処理されます。

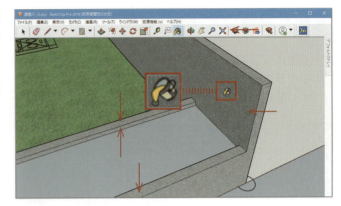

引き続き、同様にして、道路をペイントします。

⑨ 「マテリアル」パレットで、「アスファルト/コンクリート」の「アスファルト 新規」を🖱する。

⑩ 道路面を🖱する。

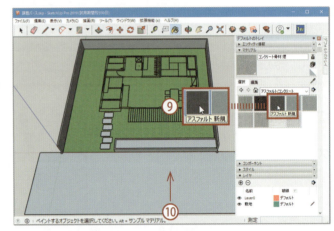

図は、道路のペイントの結果です。

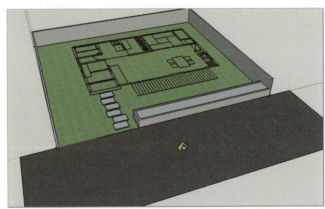

次に進みましょう。飛石です。飛石は数が多いので、あらかじめ選択すると効率的です。

⑪ 「選択」ツール🖱を🖱し、図のように、6つの飛石をマウスドラッグによる矩形範囲選択ですべてを囲む。

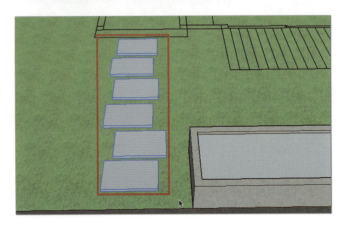

⑫ 同様にして、「マテリアル」パレットで、「造園、フェンスと生垣」の「石舗装 石畳グレー」を🖱する。

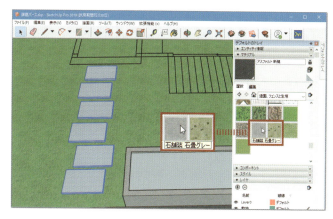

⑬ 任意の飛石を1つ🖱する。

選択されているすべてのモデル（6つの飛石すべて）が一気にペイントされます。

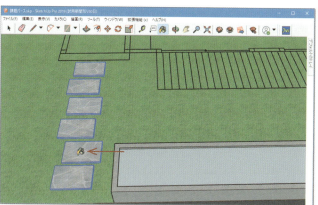

最後に、花壇の内部（土の表面）をペイントします。

⑭ 「マテリアル」パレットで、「造園、フェンスと生垣」の「グラウンドカバー 砂 スムーズ」を🖱する。

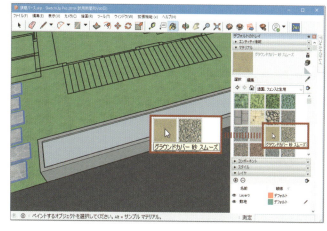

⑮ 花壇の内部を🖱する。

図のようにペイントされます。

⑯ 「マテリアル」パレット右上端の✕（閉じるボタン）を🖱して閉じる。

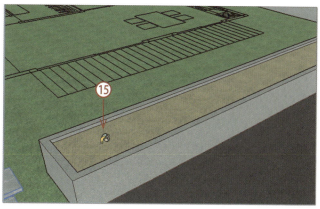

5.4.6 敷地のグループ化

ここまでに作成した敷地などの全体を1つのグループにします（グループ化）。本書ではレイヤごとにグループ化します。グループ化すると、ほかの図形から干渉されなくなるので、部分的に完成した段階でグループ化しておくことで、あとから作成した線や面と一体化してしまう心配がなくなります。便利な機能です。

① 「レイヤ」パレットで、「Layer0」の黒目「👁」を🖱して、白目「○」に切り替える。

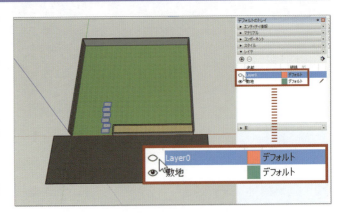

インポートした配置図兼平面図の下絵が不可視（一時的な非表示）状態になります。この状態で、敷地全体をグループ化します。

② 「選択」ツール🔲を🖱し、道路を含む敷地全体をマウスドラッグによる矩形範囲選択で囲む。

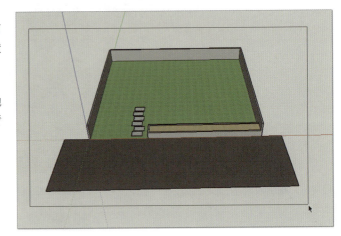

③ メニューバー「編集」→「グループを作成」を🖱する。

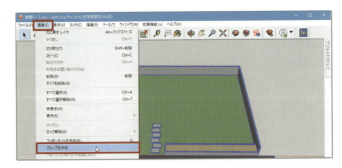

下絵を可視（表示）状態に戻します。

④ 「レイヤ」パレットで、「Layer0」の白目「○」を🖱して、黒目「👁」に切り替える。

以上で、本節での作図は完了です。このskpファイルを付録CDの「練習用データ」フォルダ→「CH05」フォルダに「CH05-04-06.skp」として収録してあります。

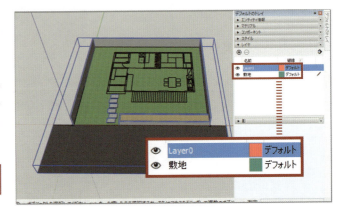

CH05-04-06.skp

5.5 床などの作図

5.4節でインポートした配置図兼平面図を基に、建物の床を作図します。床の高さは大きく分けてGL+200mm、400mm、600mmの3種類です。なお、繰り返しになるSketchUpの操作方法の説明は徐々に省略していくので、操作にまごついたら前のページを参照してください。作図するファイルは、引き続き「課題パース.skp」(または付録CDに収録した練習用データ)です。

5.5.1 「床・外壁」レイヤの作成

床は、「床・外壁」レイヤを作成してレイヤを分けて作図します。なお、「レイヤ」パレットの基本操作はp.140を参照してください。

① 「レイヤ」パレットの「⊕」を🖱する。

② 新しいレイヤ(「レイヤ1」)が追加されるので、キー入力で、レイヤ名「レイヤ1」を「床・外壁」に変更する。

名前を「床・外壁」としたのは、床と外壁を同じレイヤにかくからです。この方が、外から見た時に線が一体化して、建築の見栄えがよくなります。

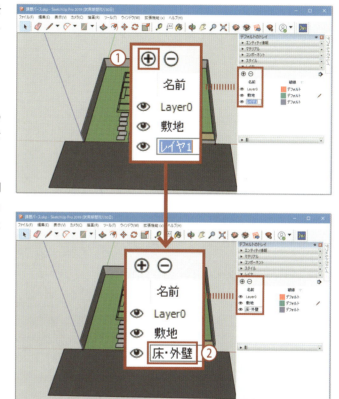

③ ②で作成した「床・外壁」レイヤの右端の空白部分を🖱して「✏」を付ける。

④ 「敷地」レイヤの黒目「👁」を🖱して、白目「👁」に切り替える。

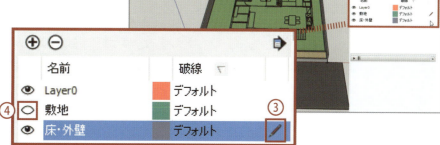

5.4節で作図した「敷地」レイヤが不可視状態になり、インポートして加工したJw_cadの配置図兼平面図の下絵が貼られた「Layer0」レイヤのみの表示となります。

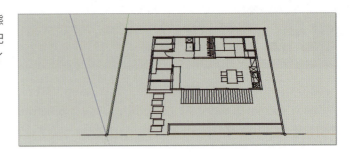

5.5.2 床、ポーチ階段、デッキの作図

「長方形」ツール と「プッシュ/プル」ツール を使い、高さの違う床を順次かいていきます。

① 「長方形」ツール をする。

② 長方形の1つ目の頂点（角）として、図のように、建物の左下角をする。

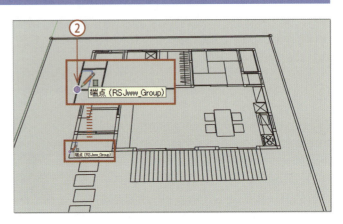

③ 長方形の対角点として、右上角をする。

図のように、建物全体の長方形が作図され、面が生成されます。

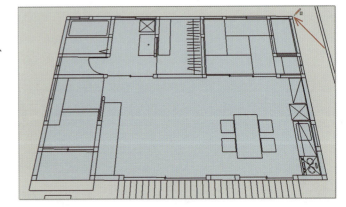

次に、高さを変更する部分（ポーチ階段、デッキ部分）の長方形を作図します。

④ 同様にして、図のように、ポーチ階段の右上角と左下角を順次し、ポーチ階段の長方形を作図する。

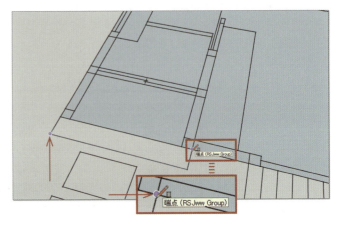

⑤ 同様にして、図のように、デッキの右上角と左下角を順次🖱️し、デッキ外周の長方形を作図する。

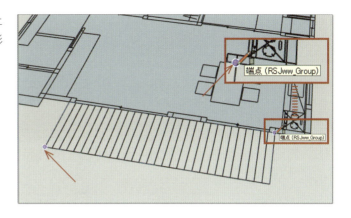

作図した長方形を引き出して、高さ（柱体）を生成します。高さは600mm、400mm、200mmの3種類に分けます。

⑥ 「プッシュ/プル」ツール◆を🖱️する。

⑦ 建物の床の任意の位置を🖱️する。

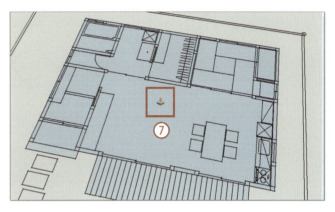

⑧ マウスポインタを上向きに移動し、「600」と入力し、「Enter」キーを押す。

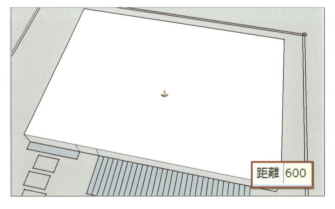

⑨ 同様にして、ポーチ階段の任意の位置を🖱️し、マウスポインタを上向きに移動し、「200」と入力し、「Enter」キーを押す。

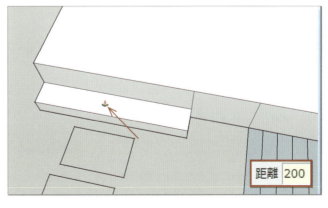

⑩ 同様にして、デッキの任意の位置を🖱し、マウスポインタを上向きに移動し、「400」と入力し、「Enter」キーを押す。

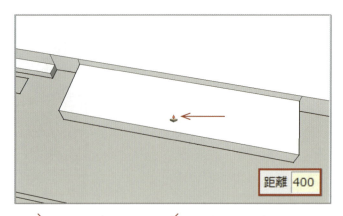

⑪ 「消しゴム」ツール🖊を🖱し、図の側面の不要な3本の線を消す。

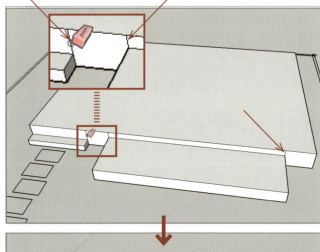

図は、消去の結果です。

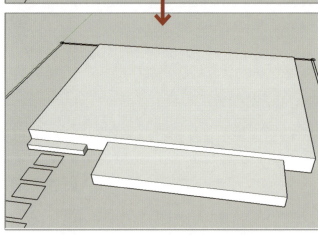

床の引き出しにより室内の下絵が見えなくなっているので、下絵のレイヤ「Layer0」を高さ600mmの床の位置まで上げます。

⑫ 「選択」ツール🖱を🖱し、図のように、下絵が貼られた「Layer0」レイヤのデータだけを選択する。配置図兼平面図はグループ化されているので、下絵の任意の場所で🖱すれば選択される（これがグループ化のメリット）。

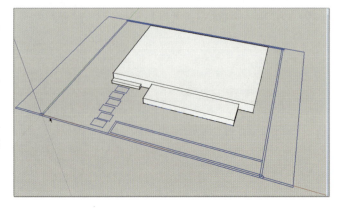

⑬「移動/コピー」ツールを🖱し、原点(赤色線、緑色線、青色線の交点)を🖱し、マウスポインタを青色線上に移動させ、キーボードで「600」と入力する。

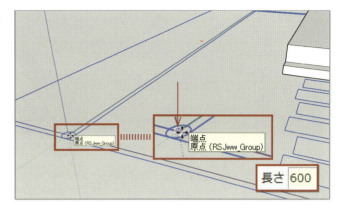

以上で、下絵が高さ600mmの床の上まで移動して、床の引き出しにより見えなくなっていた室内の下絵の線がすべて見えるようになりました。

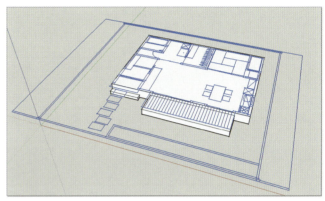

⑭「選択」ツールを🖱し、現在の作図に無関係なグレーの位置を🖱し、下絵が貼られた「Layer0」レイヤのデータの選択を解除する。

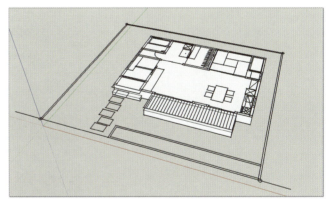

再び、下絵に作図していきます。玄関およびポーチ、浴室洗い場の順に、長方形を作図します。

⑮「長方形」ツールを🖱する。

⑯ 図のように、玄関の右上角と左下角を順次🖱し、長方形を作図する。

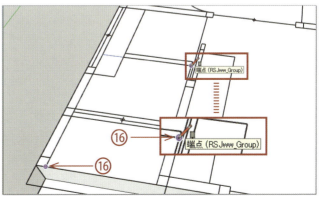

⑰ 浴室洗い場の右上角と左下角を順次🖱し、長方形を作図する。

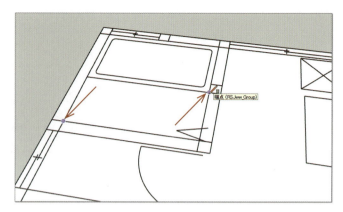

玄関およびポーチの床を200mm下げます。

⑱ 「プッシュ/プル」ツール🔧を🖱する。

⑲ 玄関およびポーチの任意の位置を🖱し、マウスポインタを下向きに移動し、「200」とキー入力し、「Enter」キーを押す。

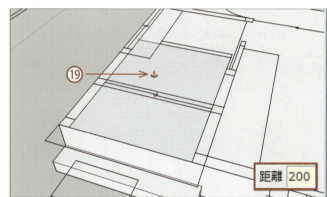

図のように下がります。

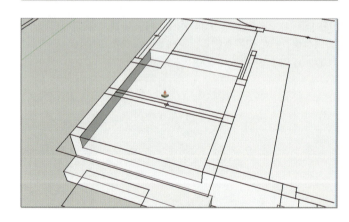

浴室洗い場の床を50mm下げます。

⑳ 浴室洗い場の床の任意の位置を🖱し、マウスポインタを下向きに移動し、「50」とキー入力し、「Enter」キーを押す。

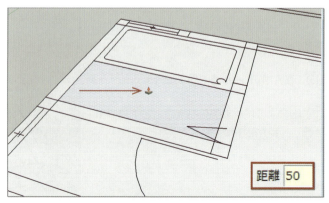

図のように下がります。

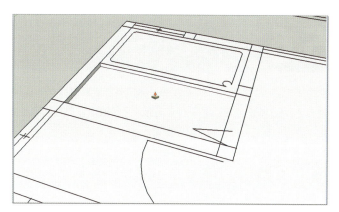

全体は図のような状態になります。

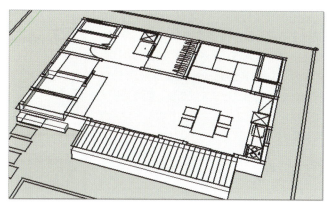

配置図兼平面図の下絵は不要になったので、「レイヤ」パレットの「Layer0」を不可視にします。

㉑「レイヤ」パレットで、「Layer0」の黒目「👁」を🖱して、白目「◯」に切り替える。

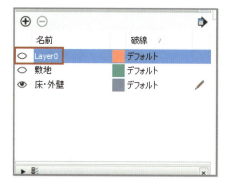

図のような状態になります。

以上で、本節での作図は完了です。このskpファイルを付録CDの「練習用データ」フォルダ→「CH05」フォルダに「CH05-05-02.skp」として収録してあります。

 CH05-05-02.skp

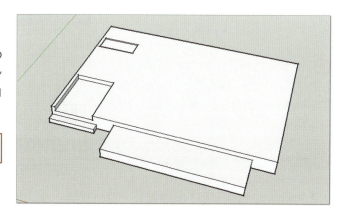

5.6 Jw_cadの立面図をSketchUpにインポートし、床に貼り付け

引き続き、インストール済みのJw_cad用外部変形プログラム「RSJww.bat」とSketchUp用プラグイン「RSJww」を使って、5.3節で加工したJw_cad図面から東西南北の立面図をエクスポートします。それをSketchUpの描画領域にインポートし、床に貼り付けます。

5.6.1 西立面図用レイヤの作成と西立面図のインポート

引き続き、「CH05-01.jww」および「課題パース.skp」を使用します。ここから新たに作図を開始する場合は、付録CDの「練習用データ」フォルダ→「CH05」フォルダに収録した同じ内容の「パース用図面.jww」および「CH05-05-02.skp」を利用できます。まず、西立面図をインポートします。西立面図用のレイヤを作成します。

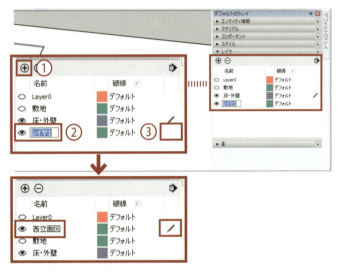

① 「レイヤ」パレットの「⊕」を🖱する。

② 追加された「レイヤ1」を「西立面図」に変更し、書込レイヤを「西立面図」レイヤに変更するため、「西立面図」レイヤの右端の空白部分を🖱して「✏」を付ける。

ここでJw_cad図面に切り替え、外部変形プログラム「RSJww.bat」を使って、東西南北の立面図をエクスポートします。なお、エクスポート操作の要領は5.4節(⇒p.136〜)と同じなので、説明は簡略化します。

③ Jw_cadに切り替え、メニューバー「その他」→「外部変形」(ツールバー「外変」)を🖱する。

④ 「ファイル選択」ダイアログが開くので、左部で「jww」フォルダを🖱してから、右部で「RSJww.bat」を🖱🖱して、外部変形プログラムを実行する。

⑤ 作図ウィンドウ上部に「RSjwwでスケッチアップに読み込む要素を選択してください。」と表示されることを確認して先に進む。

⑥ 図のように、矩形範囲選択で西立面図の全体を選択する。

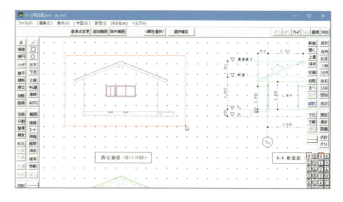

⑦ コントロールバー「基準点変更」を🖱する。

⑧ 西立面図の南壁右下角を🖱（右）し、インポート時の基準点（⇒最下段の図）に設定する。

⑨ コントロールバー「選択確定」を🖱する。

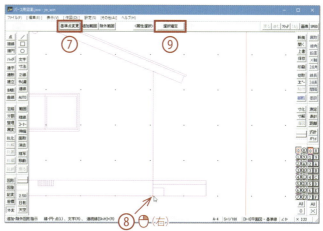

再び、SketchUpに切り替えます。

⑩ SketchUpに切り替え、p.112で設定した「RSJww」ツールバーを🖱する。

⑪ 「変換条件設定」ダイアログが開き、「レイヤ別にグループ化」「レイヤを分ける」をそれぞれ「No」に変更し、「OK」を🖱する（すでに変更済みなので確認のみでよい）。

⑫ さらに「SketchUp」ダイアログが開くので、「OK」を🖱する。

以上で、SketchUpの描画領域に、外部変形プログラムを実行したJw_cad図面の西立面図がインポートされ、「レイヤ」パレットの「西立面図」に入ります。

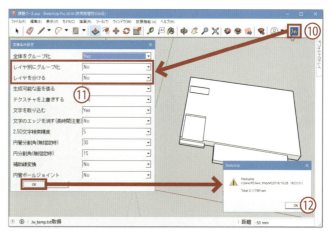

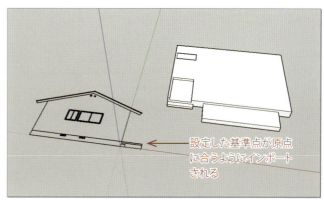

設定した基準点が原点に合うようにインポートされる

インポートが成功したら、この西立面図の下絵を回転移動で立ち上げて、作図済みの床の西側面にぴったり合わせるように貼り付けます。操作要領はp.130～131で説明してありますので参照してください。

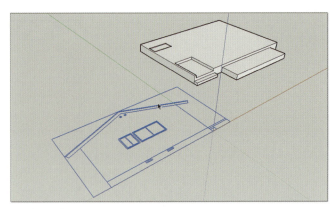

⑬ 「選択」ツール🖰を🖱し、西立面図を選択する。

⑭ 「回転」ツール🔄を🖱する。

⑮ 表示される分度器の絵を床の西側面の端点に合わせ、赤色の分度器に変わったら「Shift」キーを押したままにする。

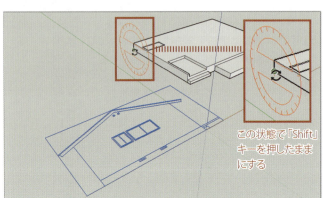

この状態で「Shift」キーを押したままにする

⑯ 「Shift」キーを押したままマウスポインタを原点に移動し、「端点　原点(RSJww_Group)」(グループの原点)の状態で🖱する。

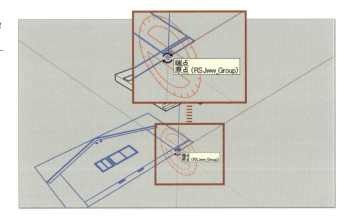

⑰ マウスポインタを図の位置付近に移動して、「緑の軸上」の状態で🖱する。

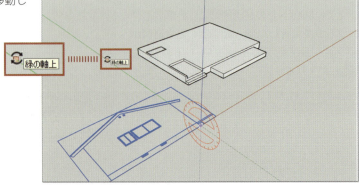

⑱ マウスポインタを上に移動し、90°回転した時に開く「青い軸上」で🖱する。

以上で、西立面図が、赤色線と合致している西立面図のGL線を回転軸として90°手前に回転し、立ち上がります。

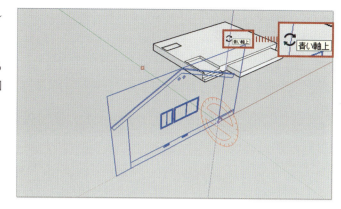

⑲ 「Shift」キーを離し、青色の分度器に変わったら、マウスポインタを原点に移動し、「端点　原点（RSJww_Group）」（グループの原点）の状態で🖱する。

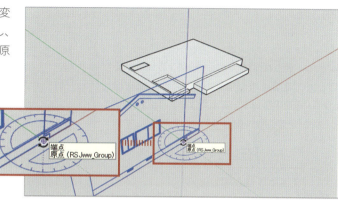

⑳ マウスポインタを図の位置付近に移動して、「赤軸」の状態で🖱する。

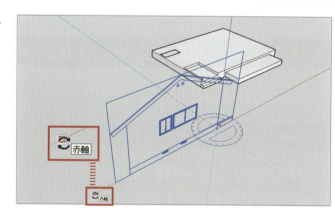

㉑ マウスポインタを時計回りに90°回転させ、「緑の軸上」の状態で🖱する。

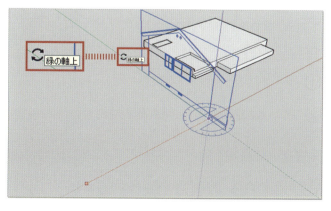

以上で、西立面図が西を向いたので、これを床の西側面に貼り付けます。

㉒「移動/コピー」ツールを🖱し、西立面図の左下角を🖱する。これが移動の基準点になる。

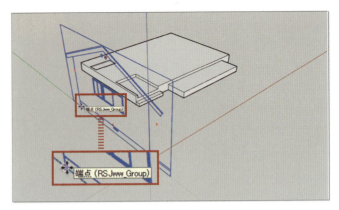

㉓ 移動先として、床の左下角を🖱する（結果は次項の図）。

以上で、西立面図を床の西側面に貼り付けることができました。このskpファイルを付録CDの「練習用データ」フォルダ→「CH05」フォルダに「CH05-06-01.skp」として収録してあります。

CD-ROM CH05-06-01.skp

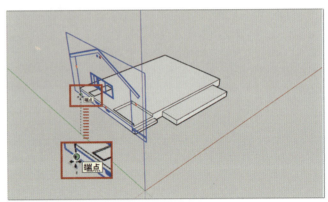

5.6.2 北立面図、東立面図、南立面図の貼り付け

前項に引き続き、北・東・南立面図についても、同様の要領で、レイヤ設定、インポート、回転や移動、床への貼り付けを行います。前項で説明したように、回転の操作はやや煩雑ですが、全体の手順および要領は同じなので、ここでの説明は割愛して、順を追っての結果図のみ掲載します。操作に失敗するようであれば、結果図を目で追っていただき、実際の作図は付録CDの練習用データをご利用ください。

① 「レイヤ」パレットの「⊕」を🖱する。

② 追加された「レイヤ1」を「北立面図」に変更する。東立面図、南立面図についても同じことを繰り返す。

③ 書込レイヤは、インポートする図面に合わせて適宜、変更する。

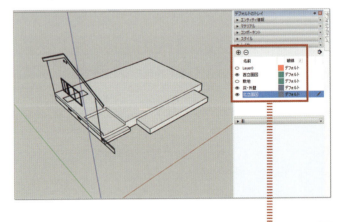

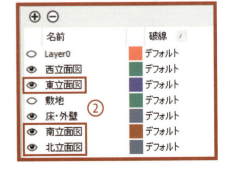

以下は、北立面図の操作画面の流れです。

注意！ 立面図をインポートして向きや位置を整えるときは、「レイヤ」パレットのほかの立面図を白目「◯」に切り替えます。

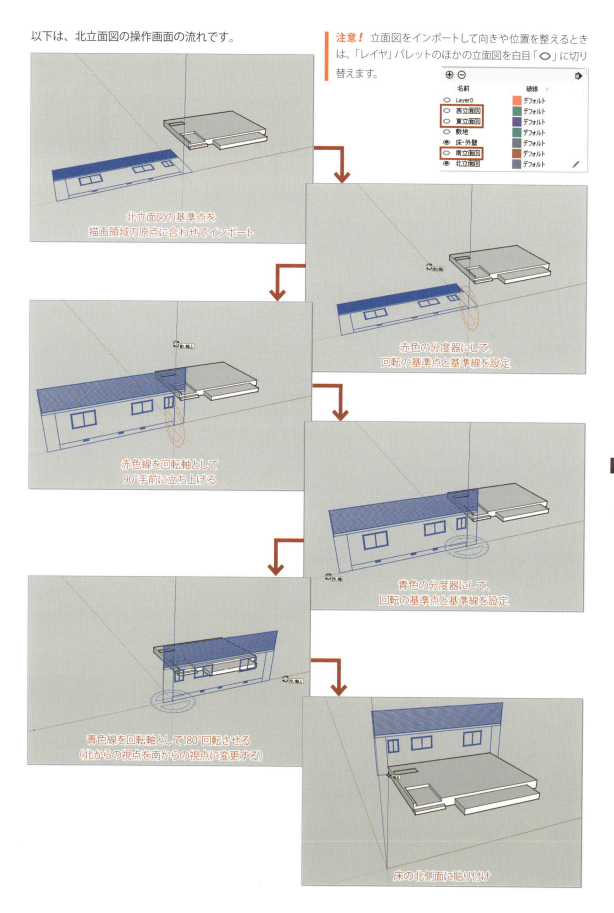

以下は、東立面図の操作画面の流れです。「レイヤ」パレットは右下図のように切り替えてください。

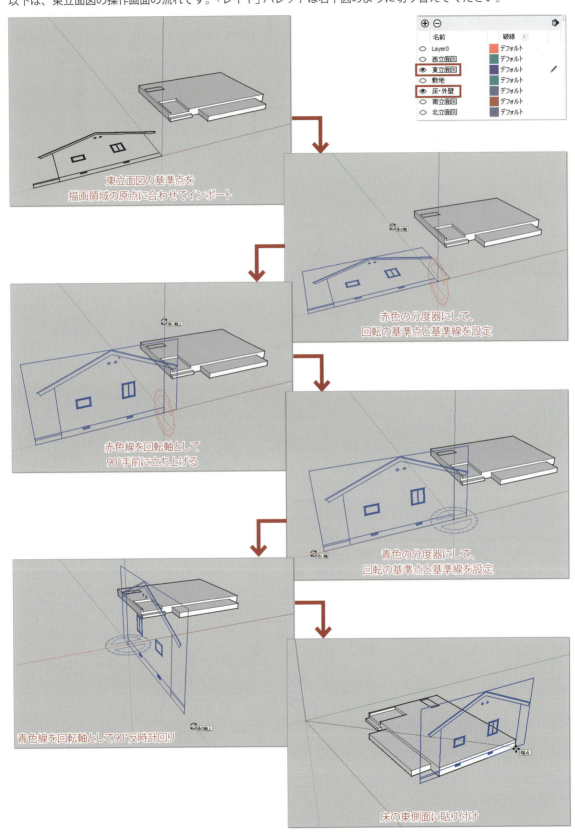

以下は、南立面図の操作画面の流れです。「レイヤ」パレットは右下図のように切り替えてください。

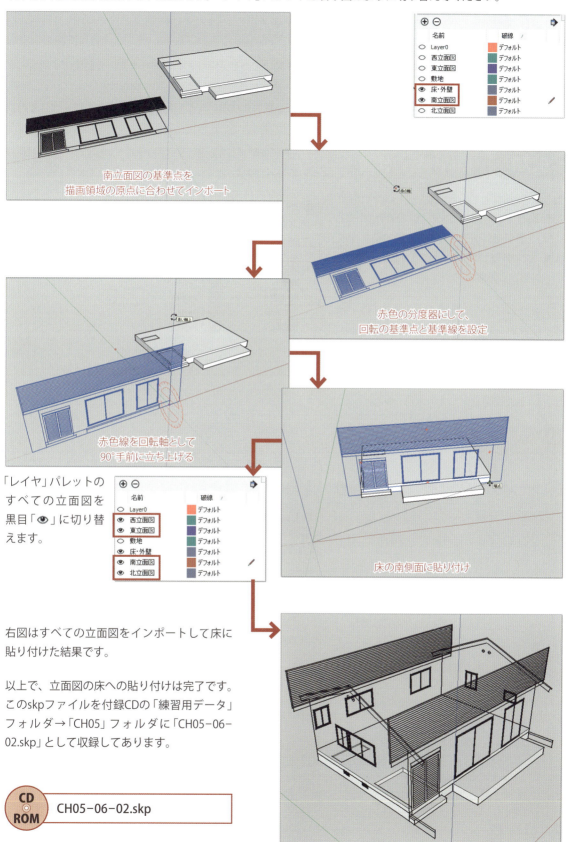

南立面図の基準点を描画領域の原点に合わせてインポート

赤色の分度器にして、回転の基準点と基準線を設定

赤色線を回転軸として90°手前に立ち上げる

「レイヤ」パレットのすべての立面図を黒目「👁」に切り替えます。

床の南側面に貼り付け

右図はすべての立面図をインポートして床に貼り付けた結果です。

以上で、立面図の床への貼り付けは完了です。このskpファイルを付録CDの「練習用データ」フォルダ→「CH05」フォルダに「CH05-06-02.skp」として収録してあります。

CD ROM　CH05-06-02.skp

5.7 外壁や窓などの作図

5.6節でインポートした立面図を下絵として利用し、引き続いて外壁や窓などを作図します。立面図のインポートのように、西側外壁から順番に、東側外壁、北側外壁、南側外壁と作図していき、最後に基礎部分をペイントします。外壁の作図では操作要領が同様な場面が多いので、適宜、説明を簡略化しています。手順の大まかな流れを追うようにしてください。

5.7.1 西側外壁の作図

引き続きskpファイル「課題パース.skp」に外壁を作図していきます（または「CH05-06-02.skp」）。外壁は、床モデルの作成開始時に作成した「床・外壁」レイヤ（⇒p.151）にかきます。西側外壁から始めます。

① 書込レイヤを、外壁を作図する「床・外壁」レイヤに変更するため、「床・外壁」レイヤの右端の空白部分を🖱して「✏」を付ける。

② 黒目「👁」・白目「○」の設定は、「床・外壁」と「西立面図」の2つだけ黒目「👁」とする。

③ 「線」ツール✏を🖱する。以下、連続して、交点などを🖱していく。

④ 西立面図の北西角の壁線と床の交点を🖱する。

⑤ 北西角の壁線と屋根線の交点を🖱する。

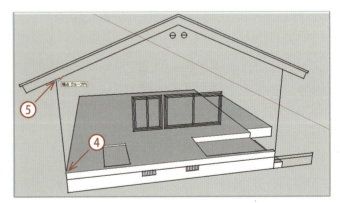

⑥ 棟近くの屋根の折れ点を🖱する。

⑦ 南西角の壁線と屋根線との交点を🖱する。

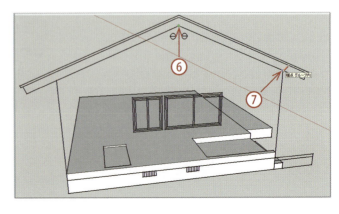

⑧ 最後に、南西角壁線と床との交点を🖱して、西側壁面を完成させる（面になる）。

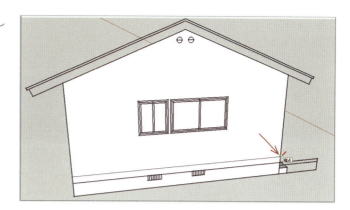

「プッシュ/プル」ツール◆を使って、作図した壁に厚みを付けます。壁厚は150mmとします。

⑨ 「プッシュ/プル」ツール◆を🖱する。

⑩ 西側の外壁面を🖱し、マウスポインタを奥に移動し、「150」とキー入力し、「Enter」キーを押す。

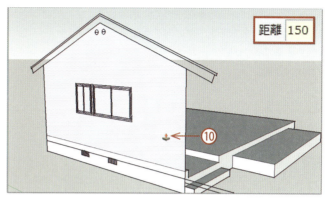

図のように壁らしくなります。

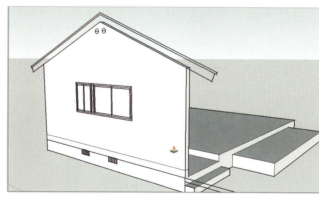

次に、窓の取り付く開口部をあけます。「長方形」ツール▨を使います。

⑪ 「長方形」ツール▨を🖱する。

⑫ まず左側の小さい方の窓で、一番外側の枠線の対角点を順次🖱して、長方形を作図する。

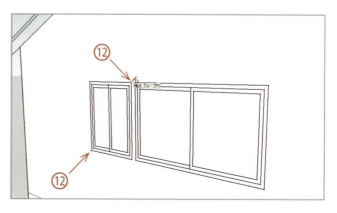

⑬ 次に右側の大きい方の窓で、一番外側の枠線の対角点を順次🖱して、長方形を作図する。

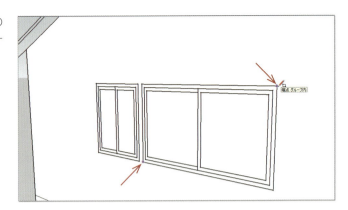

「プッシュ/プル」ツール♦を使って、窓として作図した2つの長方形を、壁の向こう側まで貫通させます（⇒p.125）。距離は壁厚と同じ150mmです。

⑭ 「プッシュ/プル」ツール♦を🖱する。

⑮ ⑬で作図した長方形（内部の任意の位置）を🖱し、マウスポインタを奥に移動し、「150」とキー入力し、「Enter」キーを押す。

右側の大きい方の窓が貫通しました。室内の壁や床が見えています。

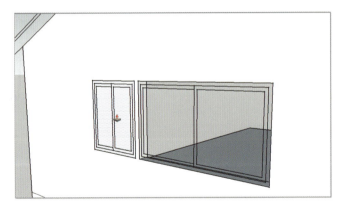

左側の小さい方の窓も同様に操作して貫通させます。

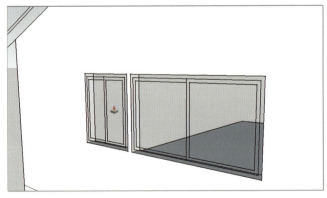

「消しゴム」ツール🧽を使って、床と壁の不要な交線を消します。

⑯「消しゴム」ツール🧽を🖱する。

⑰図のように、不要な床と壁の交線を順次🖱して、消去する（結果は後の図で確認）。

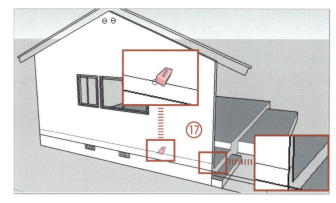

⑱「オービット」ツール🔄などを使って視点を切り替え、内部の不要線も消去します。

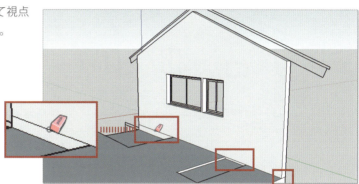

基礎と壁の境界線を作図します。

⑲「線」ツール✏をし、図のような両端点を🖱して、基礎と壁の境界線を作図する。

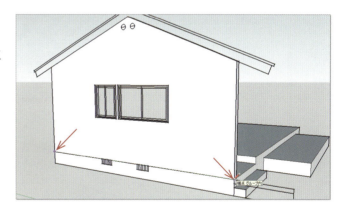

以上で西側外壁の作図は完了です。レイヤ設定を変更します。

⑳「レイヤ」パレットで、図のように、「西立面図」レイヤの黒目「👁」を🖱して、白目「○」に切り替える。

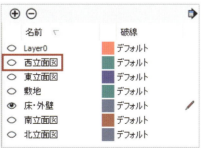

このskpファイルを付録CDの「練習用データ」フォルダ→「CH05」フォルダに「CH05-07-01.skp」として収録してあります。

 CH05-07-01.skp

5.7.2 東側外壁の作図

引き続き、skpファイル「課題パース.skp」(または「CH05-07-01.skp」)に東側外壁を作図します。作図要領は前項の西側外壁と同じなので、操作画面の流れで示します。なお、「レイヤ」パレットで、「東立面図」レイヤを黒目「👁」に切り替えてから始めてください。

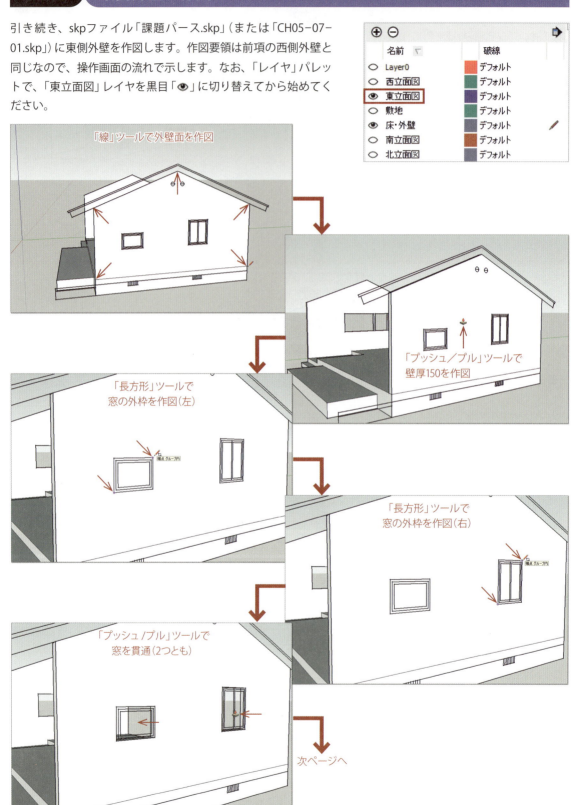

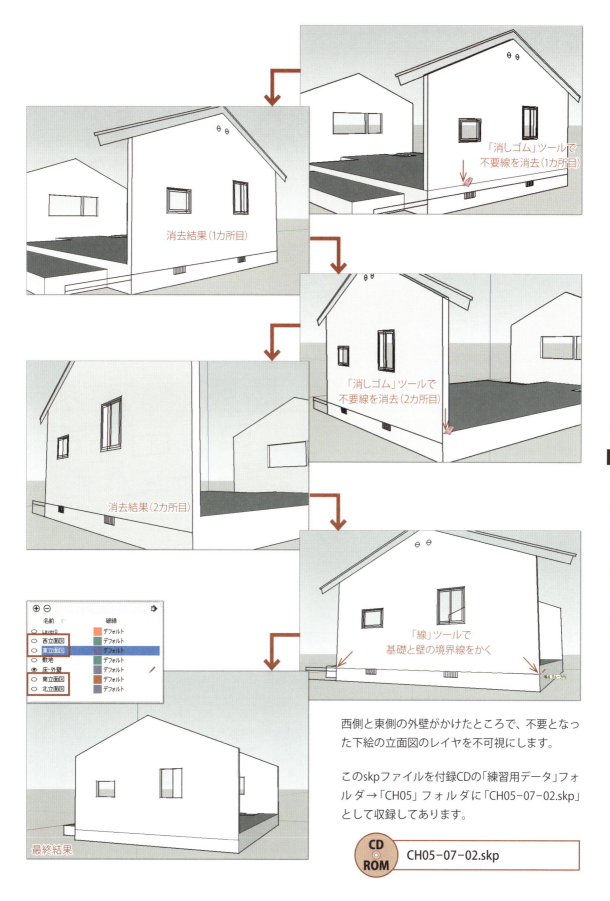

西側と東側の外壁がかけたところで、不要となった下絵の立面図のレイヤを不可視にします。

このskpファイルを付録CDの「練習用データ」フォルダ→「CH05」フォルダに「CH05-07-02.skp」として収録してあります。

CH05-07-02.skp

5.7.3 北側外壁の作図

引き続き、skpファイル「課題パース.skp」(または「CH05-07-02.skp」)に北側外壁を作図します。おおかたの作図要領はほかの外壁と同じなので、操作画面の流れで示します。途中、北側特有の作図についてのみ、そこだけ詳しく説明します。なお、「レイヤ」パレットで、「北立面図」レイヤを黒目「👁」に切り替えてから始めてください。

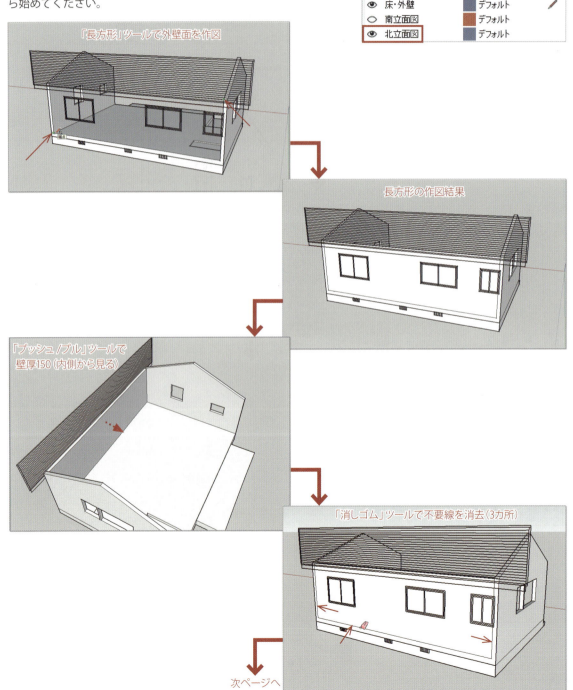

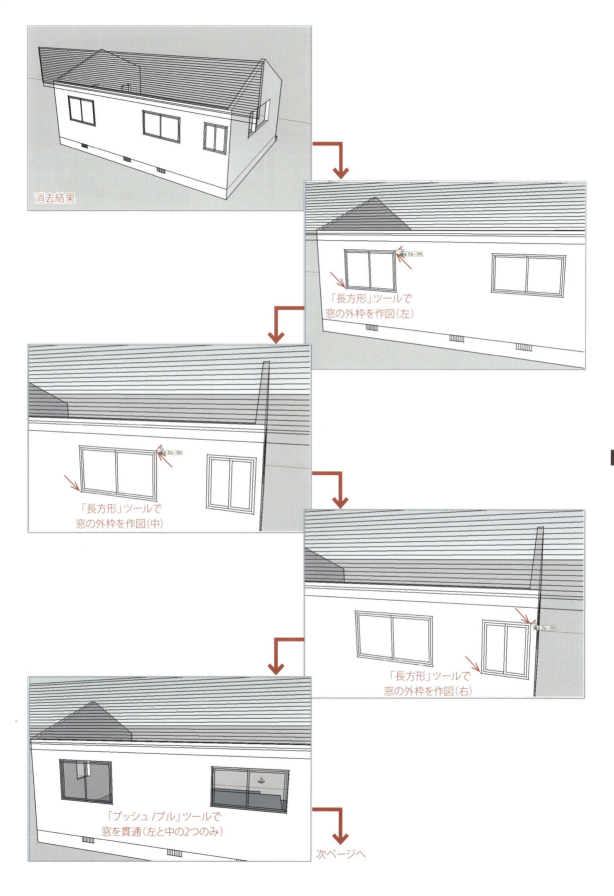

北側外壁の右隅に位置する窓（開口部）を貫通させる場合は、ここ特有の処理になります。この窓（開口部）は西側外壁の厚みに交差して食い込んでしまっているため（右図では、ここでの状況をわかりやすくするために窓をなくして壁を貫通させた状態を再現している）、これまでのように、単純に立体面に穴を貫通させる方法は使えません。以下の方法で行ってください。

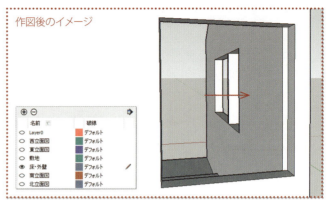

① 「プッシュ/プル」ツール 🔲 を 🖱 する。

② 窓の長方形を 🖱 し、マウスポインタを奥に移動し、「150」とキー入力し、「Enter」キーを押す（画面省略）。

③ そのままの状態で面上を 🖱（右）し、コンテキストメニューが開くので、「消去」を 🖱 すると、図のように貫通する。

④ 「線」ツール 🖍 を 🖱 し、基礎と壁の境界線をかく。

北側外壁が作図できたので、不要となった下絵の北立面図を白目「◯」にします。

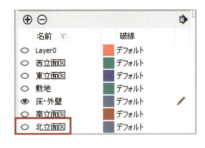

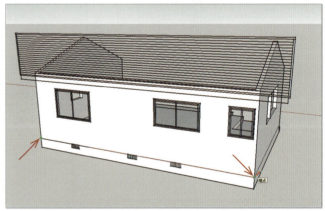

このskpファイルを付録CDの「練習用データ」フォルダ→「CH05」フォルダに「CH05-07-03.skp」として収録してあります。

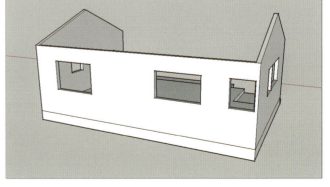

5.7.4 南側外壁の作図

引き続き、skpファイル「課題パース.skp」(または「CH05-07-03.skp」)に南側外壁を作図します。東側と北側の外壁は最初の西側外壁とほぼ同じ要領でかけましたが、南側は複雑なのですべて説明します。特にポーチが内部に入り込んでいる箇所が面倒なので、壁を2つに分けて作図する方法で行います。

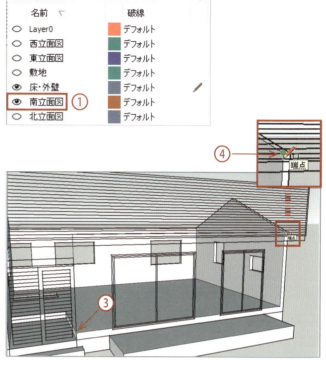

① 「レイヤ」パレットで、「南立面図」レイヤの白目「◯」を🖱して、黒目「👁」に切り替える。

壁は2つに分けて作図しますが、最初はポーチ側より東側面を作図します。

② 「長方形」ツール▱を🖱する。

③ ポーチ付近の角と床の角の交点を🖱する。

④ 東側外壁の内側の南上端点を🖱する。

以上で、南側外壁面の東側面の長方形が作図されます。

④で作図した外壁面に壁厚150mmを付けます。

⑤ 「プッシュ/プル」ツール◆を🖱する。

⑥ ④で作図した長方形を🖱し、マウスポインタを奥に移動し、「150」とキー入力し、「Enter」キーを押す。

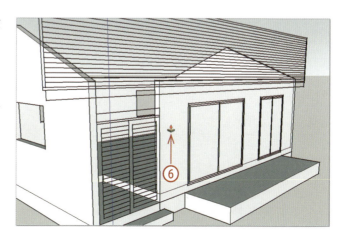

ポーチ側の下り壁を作図します。

⑦「長方形」ツールをする。

⑧ ④で作図した外壁の厚みが見える位置（ポーチの上付近から東を見る方向）に視点を変更し、図のように側面の対角点を順次して長方形を作図する。寸法は「608mm,150mm」になる。

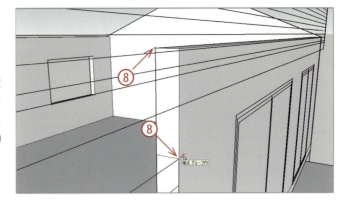

⑧で作図した長方形を手前（西）に引き出して、西側外壁まで続く下り壁とします。

⑨「プッシュ/プル」ツールをする。

⑩ ⑧で作図した長方形をし、マウスポインタを西側外壁の内側線まで移動し、「エッジ上」と表示された状態でする。

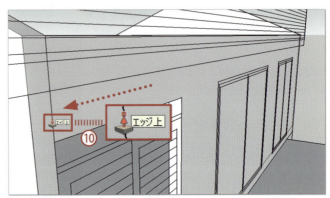

これまでと同様に、不要な床と壁の交線を消去します。

⑪「消しゴム」ツールをする。

⑫ 図のように、床と壁の不要な交線をして、消去する（結果は次の図で確認）。

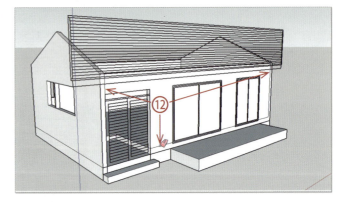

図のように消去されます。

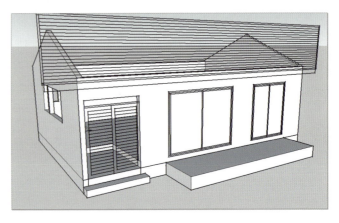

窓の取り付く開口部を2カ所にあけます。2つの開口部は床面より下がっている点に注意が必要です。

⑬「長方形」ツールを🖱する。

⑭ 図のように、左の窓の外側の枠線の対角点を順次🖱する。

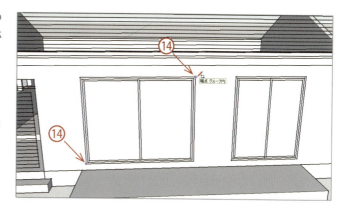

⑮ 同様に、右の窓の外側の枠線の対角点を順次🖱する。

この窓（開口部）は床までの掃き出し窓なので、窓（開口部）の下部が少し床に食い込むことになり、p.174と同様にして、窓（開口部）を貫通させる処理をしなければなりません。

⑯「プッシュ/プル」ツール🖱する。

⑰ ⑭で作図した窓（開口部）の長方形を🖱し、マウスポインタを奥に移動し、「150」とキー入力し、「Enter」キーを押す。

⑱ そのままの状態で🖱（右）し、コンテキストメニューが開くので、「消去」を🖱する。

以上で左の窓（開口部）が正常に貫通します（結果は次ページの図）。

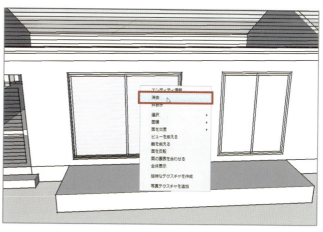

右の窓（開口部）についても同じことを行います。

図は結果です。

基礎と壁、基礎とポーチの境界線をそれぞれ作図します。

⑲ 「線」ツール🖉を🖱し、図のような両端点を順次🖱して、基礎と壁の境界線をかく。

⑳ 同様に、図のような両端点を🖱して、基礎とポーチの境界線をかく。

南側外壁が作図できたので、不要となった下絵の南立面図を不可視にします。

㉑ 「レイヤ」パレットで、「南立面図」レイヤの黒目「👁」を🖱して、白目「○」に切り替える。

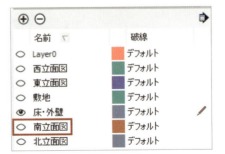

図は結果です。

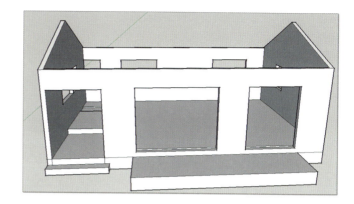

次に、南側外壁と北側外壁に勾配を付けます。まず南側外壁から行います。

㉒ 「選択」ツール を する。

㉓ 南側外壁上部の内側の線を する。

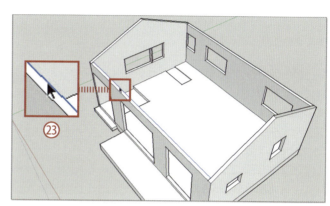

㉔ 「移動/コピー」ツール を する。

㉕ 西側外壁内側の面との交点を する。

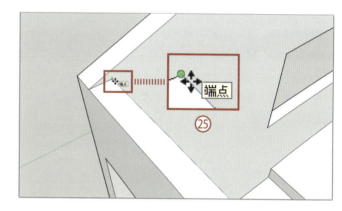

㉖ マウスポインタを少し上に移動し、「エッジ上」と表示されたら する。

以上で、南側外壁の勾配が西側外壁の頂部に揃います。

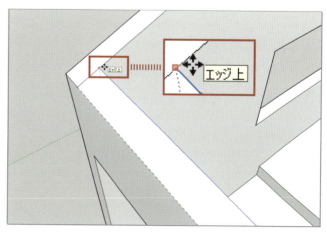

不要な南側外壁と西側外壁の頂部の交線と、南側外壁と東側外壁の頂部の交線を、どちらも消去します。

㉗「消しゴム」ツールを🖱する。

㉘ 図のように、不要な南側外壁と西側外壁の頂部の交線を🖱して、消去する。

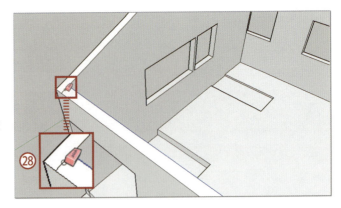

㉙ 同様に、不要な南側外壁と東側外壁の頂部の交線を🖱して、消去する。

以上㉒～㉙の作図は、北側外壁についても同様に行ってください（結果の図は以降を参照）。このskpファイルを付録CDの「練習用データ」フォルダ→「CH05」フォルダに、「CH05-07-04.skp」として収録しています。

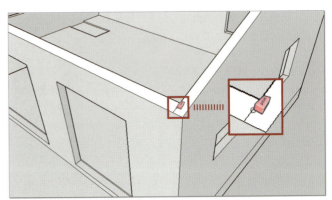

CD ROM CH05-07-04.skp

5.7.5 ポーチの壁の作図

引き続き、「Layer0」レイヤと「南立面図」レイヤを可視化し、南立面図を移動してポーチの壁を作図します。

① 「レイヤ」パレットで、「Layer0」および「南立面図」レイヤいずれの白目「◯」も🖱して、黒目「●」に切り替える。

南立面図を移動する前に、ポーチの袖壁を作図します。視点は、室内→ポーチの方向に変更します。

② 「長方形」ツールを🖱する。

③ 図のように、ポーチの袖壁の長方形を作図する。

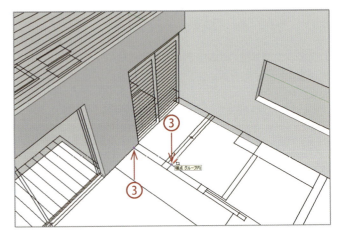

④「プッシュ/プル」ツール を する。

⑤ ③で作図した長方形を し、マウスポインタを上に移動し、「エッジ上」「オフセットの限度 ～ 2668.4mm」と表示された状態で する。

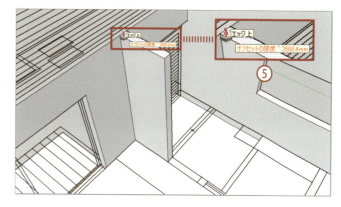

袖壁上面に西側外壁と同じ勾配を付けます。

⑥「線」ツール を する。

⑦ 図のような両点を順次 して、垂直線をかく。

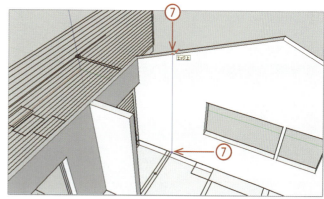

⑧「選択」ツール を する。

⑨ 図のように、袖壁上端線を選択する。

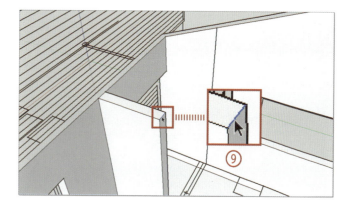

⑩「移動/コピー」ツール を する。

⑪ 袖壁の端点を せずに触れるだけにしてからマウスポインタを移動すると赤色点線が表示されるので、⑦で作図した線上で「エッジ上」と表示された状態で する。

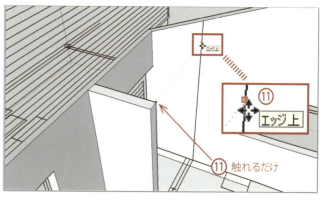

⑫ そのままマウスポインタを上に動かし、「端点」と表示された状態で🖱する。

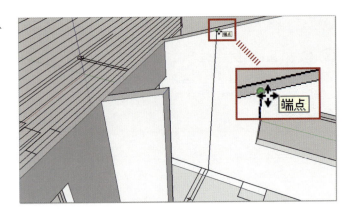

⑬ 「消しゴム」ツール🧽を🖱する。

⑭ 図のように、不要な⑦で作図した線、および袖壁と南側外壁の交線を消去する。

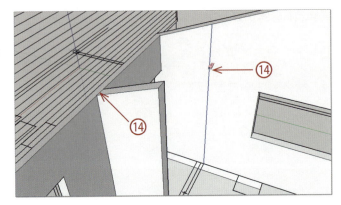

南立面図を玄関の壁の位置まで移動します。

⑮ 「選択」ツール🖱を🖱する。

⑯ 南立面図を選択する。

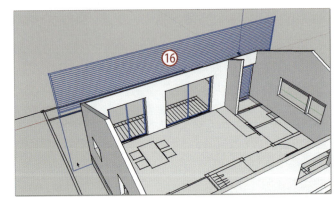

⑰ 「移動/コピー」ツール✥を🖱する。

⑱ 図に示した点を🖱する。

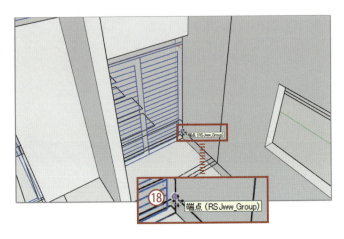

⑲ マウスポインタを手前に移動し、図に示した点を🖱する。

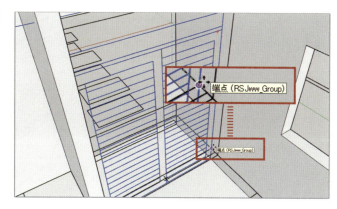

次に、玄関下り壁を作成します。袖壁に下り壁の断面線をかきます。

⑳ 「線」ツール◢を🖱する。

㉑ 図のような両端点で垂直線をかく。

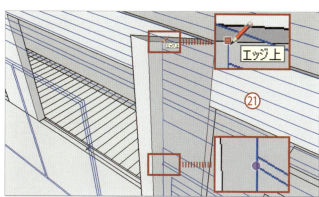

㉒ 続けて、図のような両点で水平線をかく。

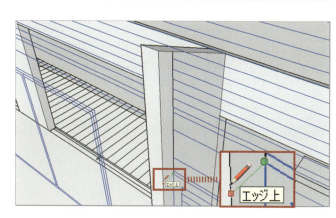

㉓ 「プッシュ/プル」ツール◆を🖱する。

㉔ ㉑、㉒で作図した下り壁断面を🖱する。

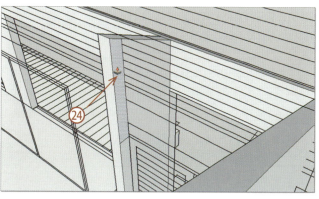

㉕ マウスポインタを西側外壁の方に移動し、「エッジ上」と表示された状態で🖱する。

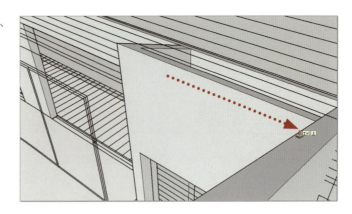

㉖ 「レイヤ」パレットで、「Layer0」および「南立面図」レイヤのいずれの黒目「👁」も🖱して、白目「○」に切り替える。

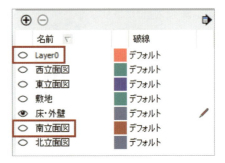

袖壁に不要な線を消します。

㉗ 「消しゴム」ツール🧽を🖱する。

㉘ 図のように、不要な2本の線を消去する。

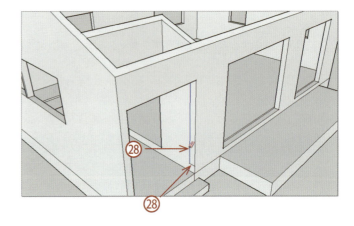

このskpファイルを付録CDの「練習用データ」フォルダ→「CH05」フォルダに「CH05-07-05.skp」として収録してあります。

CH05-07-05.skp

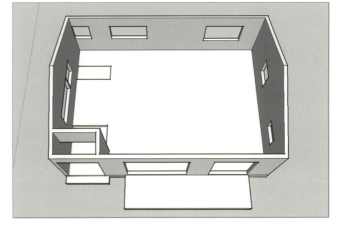

5.7.6 基礎のペイント

引き続き、skpファイル「課題パース.skp」(または「CH05-07-05.skp」)に作図します。SketchUpでは、「ペイント」ツールを使って壁などをいろいろな色や模様で着色できますが、本書のモチーフでは、壁と区別するために基礎の部分だけを着色します。

① 「ペイント」ツール 🎨 を 🖱 する。

② 「マテリアル」パレットが開くので、「アスファルト/コンクリート」を 🖱 で選択し、さらに「コンクリート 骨材 煙」を 🖱 で選択する。

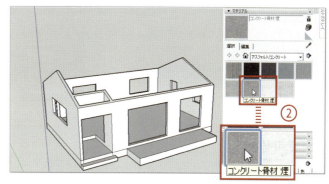

③ 東西南北の壁の基礎部を順次 🖱 する。

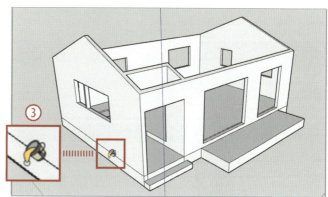

図のように着色されます。

④ 「マテリアル」パレット右上端の ✕(閉じるボタン)を 🖱 して閉じる。

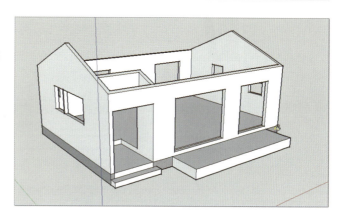

外壁がすべて作成できたので、グループ化します。

⑤ 「選択」ツール ▶ ですべてを選択する。

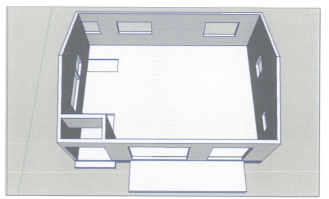

⑥ メニューバー「編集」→「グループを作成」を🖱する。

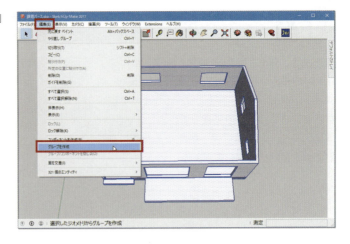

図のようにグループ化されます。

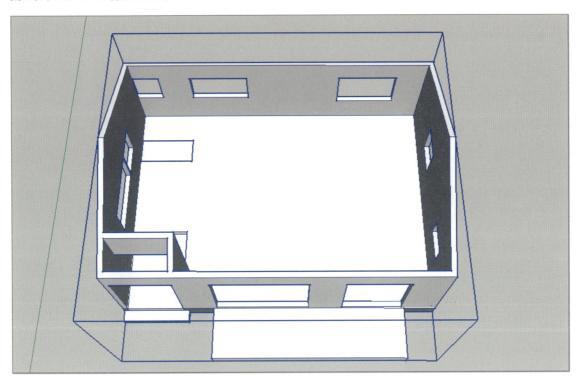

このskpファイルを付録CDの「練習用データ」フォルダ→「CH05」フォルダに「CH05-07-06.skp」として収録してあります。

CD-ROM　CH05-07-06.skp

5.8 外壁建具の作図

5.1節でインストールした「windows_kai」プラグインを使って、外壁に取り付く建具を作図（配置）します。

5.8.1 「外窓」レイヤの作成と外壁建具の作図

引き続き、skpファイル「課題パース.skp」（または「CH05-07-06.skp」）に作図します。外壁建具は、ここで新たに作成する「外窓」レイヤに作図します。

① 「レイヤ」パレットの「⊕」を🖱する。

② 新しいレイヤ（「レイヤ1」）が追加されるので、レイヤ名「レイヤ1」を「外窓」に変更する。

③ ②で作成した「外窓」レイヤを書込レイヤに設定する。

④ 可視化（黒目「👁」状態）にするレイヤは、書込レイヤ以外では「床・外壁」レイヤなので、確認する。

外壁に取り付く建具（窓）のAW-1を作図します。

⑤ メニューバー「描画」→「Windows」を🖱する。

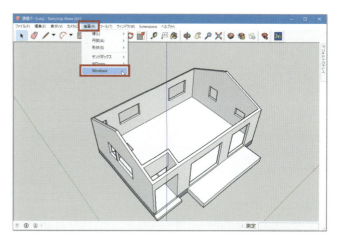

⑥「Create Window」ダイアログが開くので、まず、次ページのwindows_kai数値表を参考にして数値を変更して、建具（アルミサッシの窓）「AW-1」を作成し、「OK」を🖱する。

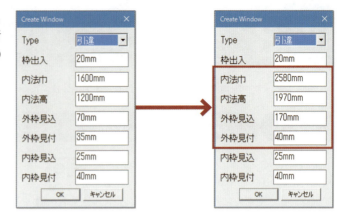

⑦ 引違窓（AW-1）の図形が表示されるので、それが取り付く、図に示した開口部の左下角で🖱する（図は結果）。

次に、同様にして、引違窓AW-2を作図します。

⑧ メニューバー「描画」→「Windows」を🖱すると「Create Window」ダイアログが開くので、「AW-2」は内法幅を「1670mm」（windows_kai数値表より）に変更し、「OK」を🖱する。

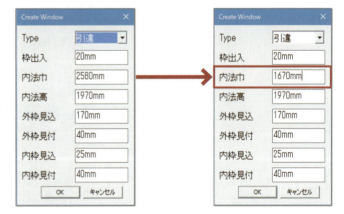

⑨ 引違窓（AW-2）の図形が表示されるので、それが取り付く、図に示した開口部の左下角で🖱する（図は結果）。

同様にして、次ページの建具（窓）キープランを参照して、引違窓AW-3・4・5も作図します（結果はp.190以降）。

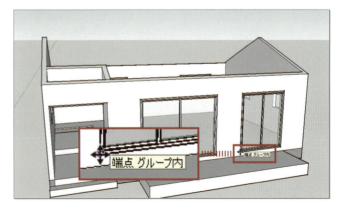

【建具（窓）作図用資料】

「windows_kai」プラグインの数値設定は、以下に示す本書で作図している平面図の建具（窓）キープラン、数値表、寸法図を参考にしてください。

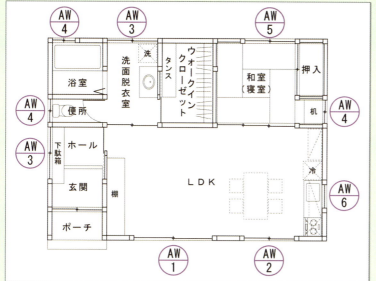

建具（窓）キープラン

windows_kai数値表

建具（窓）	AW-1	AW-2	AW-3	AW-4	AW-5	AW-6
Type	引　違					嵌　殺
枠出入	20mm					
内法幅	2580mm	1670mm	760mm	1670mm		760mm
内法高	1970mm		870mm		1070mm	470mm
外枠見込	170mm					
外枠見付	40mm					
内枠見込	25mm					
内枠見付	40mm					

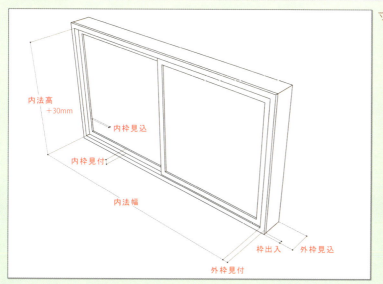

寸法

次に、同様にして、嵌殺(FIX)窓AW-6を作図します。

⑩ メニューバー「描画」→「Windows」を🖱すると「Create Window」ダイアログが開くので、嵌殺窓「AW-6」は前ページのwindows_kai数値表を参考にして変更し、「OK」を🖱する。

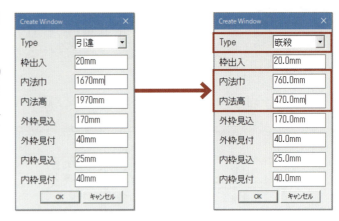

⑪ 嵌殺窓(AW-6)の図形が表示されるので、それが取り付く、図に示した開口部の左下角で🖱する(図は結果)。

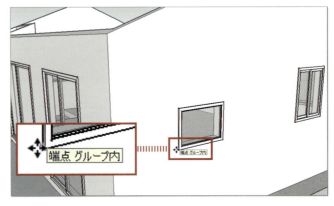

次に玄関戸を作図しますが、特殊な形をしているので、あらかじめ作成しておいたコンポーネントを使います。コンポーネントは付録CDの「オリジナルコンポーネント」フォルダ→「建具」フォルダに収録してあります。

⑫ 「デフォルトのトレイ」→「コンポーネント」を🖱する。

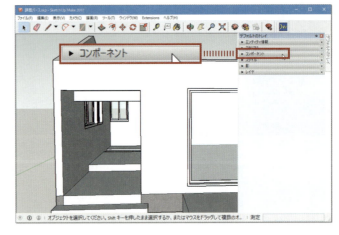

⑬ 「コンポーネント」パレットが開くので、中段右にある▶ボタンを🖱する。

⑭ メニューが開くので、「ローカルコレクションを開く/作成...」を🖱する。

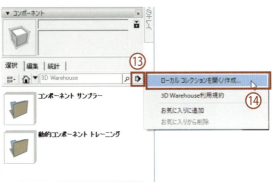

⑮ フォルダを参照するダイアログが開くので、付録CDの「オリジナルコンポーネント」フォルダ→「建具」フォルダを🖱し、「フォルダーの選択」を🖱する。

⑯ 「コンポーネント」パレットに「建具」フォルダが開くので、「玄関戸」を🖱する。

⑰ 玄関戸が取り付く、開口部の左上手前の端点を🖱する。

⑱ 「コンポーネント」パレット右上端の✕（閉じるボタン）を🖱して閉じる。

以上で、外壁に面したすべての建具の作図は完了です。

このskpファイルを付録CDの「練習用データ」フォルダ→「CH05」フォルダに「CH05-08-01.skp」として収録してあります。

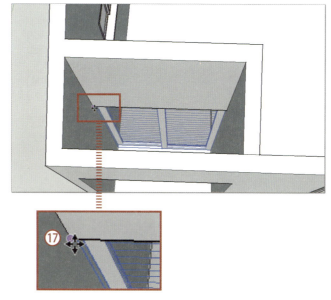

5.9 天井と屋根の作図

まず天井を作図し、次にインポートした立面図を下絵にして屋根を作図します。

5.9.1 「天井」レイヤの作成と天井の作図

引き続き、skpファイル「課題パース.skp」（または「CH05-08-01.skp」）に作図します。天井は、ここで新たに作成する「天井」レイヤに作図します。

① 「レイヤ」パレットの「⊕」を🖱する。

② 新しいレイヤ（「レイヤ1」）が追加されるので、レイヤ名「レイヤ1」を「天井」に変更する。

③ ②で作成した「天井」レイヤの右端の空白部分を🖱して選択し（「✏」とする）、「天井」レイヤを書込レイヤに設定する。

④ 可視化（黒目「👁」状態）にするレイヤは、書込レイヤ以外では「外窓」および「床・外壁」レイヤなので、確認する。

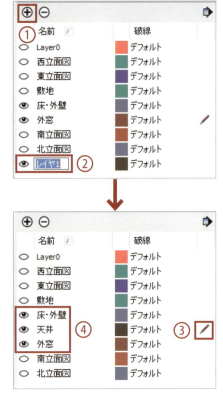

⑤ 「メジャー」ツール🔧を🖱する。

⑥ 東側外壁内側面と床の交線を🖱し、マウスを上に移動し、「2400」とキー入力し、「Enter」キーを🖱する。

図のように、灰色の鎖線が表示されます。これを「ガイドライン」（⇒p.116）と呼びます。

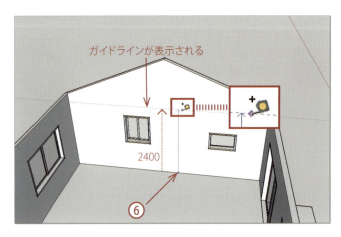

屋根勾配とガイドラインで囲まれた五角形の頂点を順次🖱し、面を作図します。

⑦ 「線」ツール✏️を🖱する。

⑧ 五角形の頂点の1点目を🖱する。

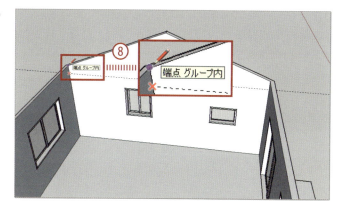

⑨ 2点目～5点目を順次🖱する。

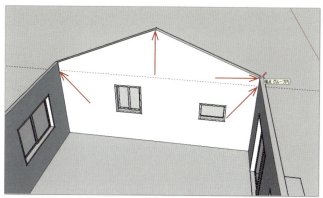

⑩ 最初の1点目に戻って🖱すると、図のように面が作成される。

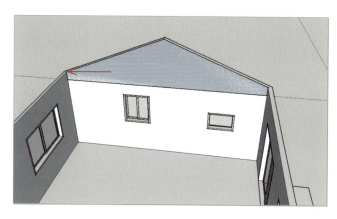

⑪ ⑩で作図した五角形面を「プッシュ/プル」ツール🔼で🖱する。

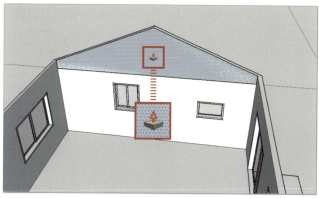

⑫ マウスポインタを手前に移動し、反対側の外壁の方まで引き出し、「端点 グループ内」と表示された状態で🖱する。

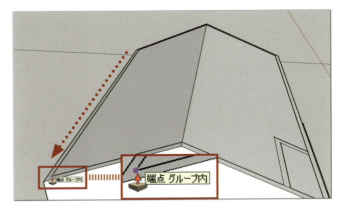

⑬「消しゴム」ツール🧽を🖱し、⑥で作図したガイドラインを消去する。

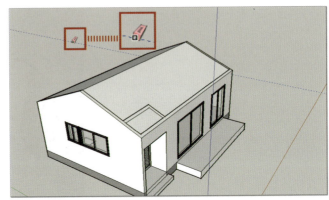

作図した天井すべてをグループ化します。

⑭「選択」ツール🔲を🖱し、天井面を🖱🖱🖱（トリプルクリック）し、天井全体を選択する。

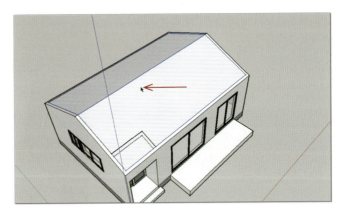

⑮ メニューバー「編集」→「グループを作成」を🖱する。

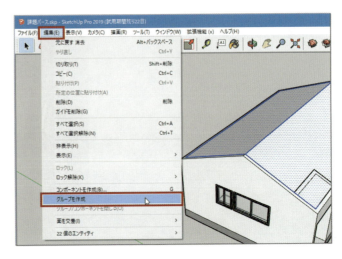

図のようにグループ化されます。

このskpファイルを付録CDの「練習用データ」フォルダ→「CH05」フォルダに「CH05-09-01.skp」として収録してあります。

CH05-09-01.skp

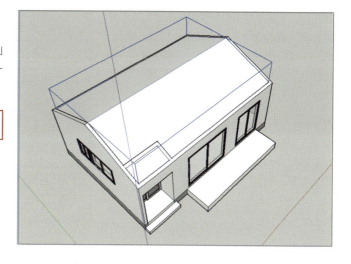

5.9.2 「屋根」レイヤの作成と屋根の作図

引き続き、skpファイル「課題パース.skp」(または「CH05-09-01.skp」)に作図します。屋根は、ここで新たに作成する「屋根」レイヤに作図します。

① 「レイヤ」パレットの「⊕」を🖱する。

② 新しいレイヤ(「レイヤ1」)が追加されるので、レイヤ名「レイヤ1」を「屋根」に変更する。

③ ②で作成した「屋根」レイヤの右端の空白部分を🖱して選択し(「✏」とする)、「屋根」レイヤを書込レイヤに設定する。

④ 可視化(黒目「👁」状態)にするレイヤは、書込レイヤ以外では「外窓」「天井」「床・外壁」レイヤなので、確認する。

⑤ 屋根は、Jw_cadで作図した西立面図と南立面図を下絵にして作図するので、さらに「西立面図」および「南立面図」の白目「○」を🖱して、黒目「👁」に切り替える。

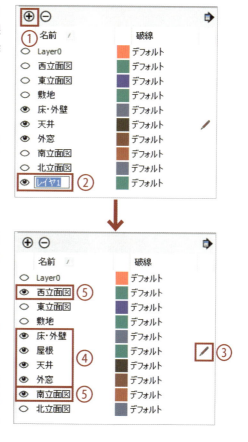

最初に、上部屋根の面を作図します。ここでは、北の軒の上端点を開始点として、棟（頂点）に上がり、南の軒に下がり、再び棟の下側に戻り、北の軒に下がり、開始点に戻って1周トレースするイメージです。

⑥ 「線」ツール／を🖱する。

⑦ 開始点として、西立面図の上部屋根の北の軒上端点を🖱する。

⑧ 2点目として、棟の点を🖱する。

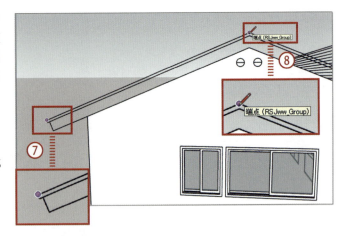

⑨ 3点目、4点目として、南の軒の端点を順次🖱する。

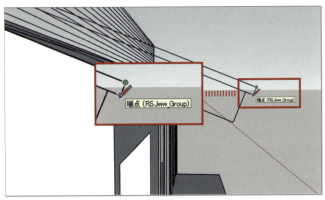

⑩ 5点目として、棟の下の屈曲点を🖱する。

⑪ 6点目として、北の軒の下端点を🖱する。

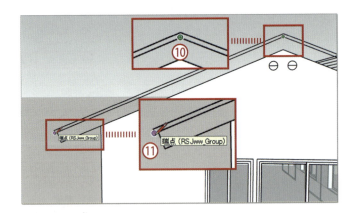

⑫ 最初の北の軒の上端点に戻って🖱すると、上部屋根の面が作成される。

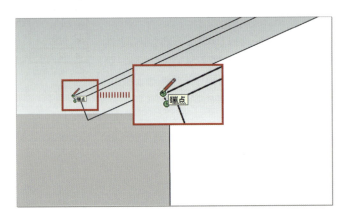

同様にして、下部屋根（破風）の面を作図します。この場合、すでに面となっている上部屋根との共通線を指示する必要はありません。したがって、半周トレースするイメージです。開始点に戻る必要もありません。

⑬ 図のように、開始点から5点目まで、順次🖱する。

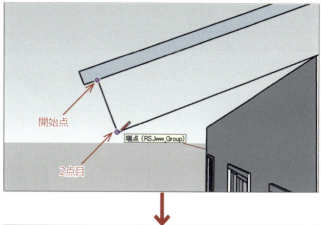

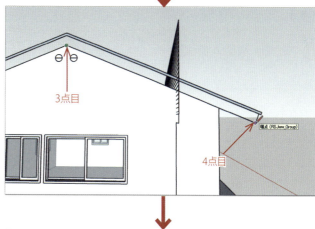

以上で、下部屋根（破風）の面が作成されます（北側の結果は次ページ以降の図）。

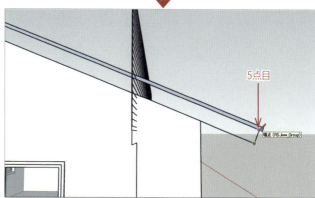

⑫で作図した上部屋根の面を外側に引き出して屋根の「けらば」を作図します。

⑭ 「プッシュ/プル」ツール🖱する。

⑮ 上部屋根の面を🖱する。

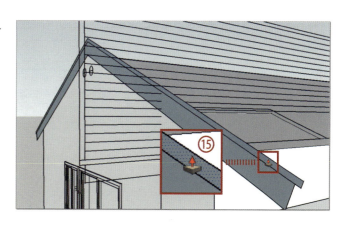

⑯ マウスポインタを手前に移動し、南立面図の屋根の一番左側の縦線上で「エッジ上（RS Jww_Group）」と表示された状態で🖱する。

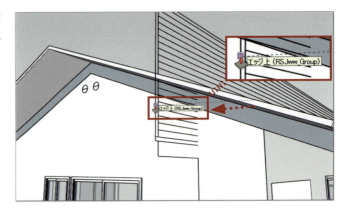

同様に、下部屋根（破風）の面を外側に引き出します。

⑰ 下部屋根（破風）の面を🖱する。

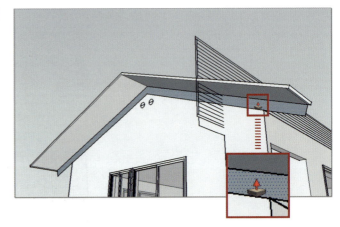

⑱ マウスポインタを手前に移動し、南立面図の屋根の縦線上で「端点（RS Jww_Group）」と表示された状態で🖱する。

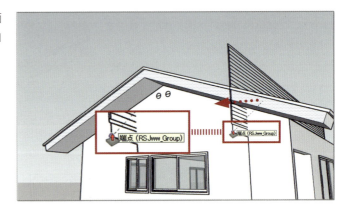

同様の方法で、上部屋根、下部屋根の東側も伸ばします。

⑲ 上部屋根を東側に伸ばす。

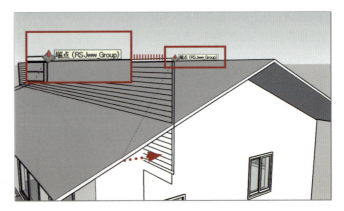

⑳ 下部屋根を東側に伸ばす。

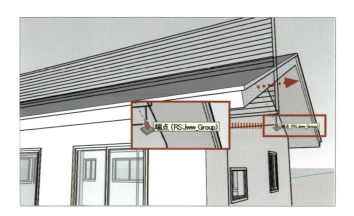

以上で屋根の面の作図が終わったので、不要になった立面図（下絵）は不可視に切り替えます。

㉑「レイヤ」パレットで、「西立面図」および「南立面図」レイヤいずれの黒目「👁」も🖱️して、白目「○」に切り替える。

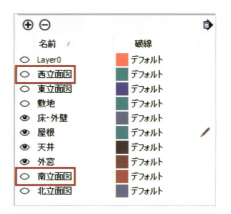

図はここまでの結果です。

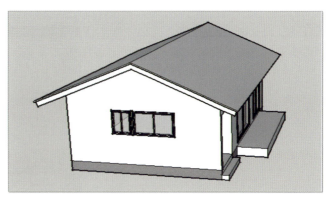

屋根をペイントし、グループ化して完成させます。

㉒「デフォルトのトレイ」を🖱️して開く「マテリアル」を🖱️し、「屋根」フォルダを選択し、好みのマテリアルを選択する（ここでは図の「屋根_金属_スタンディング_縦目_赤」）。

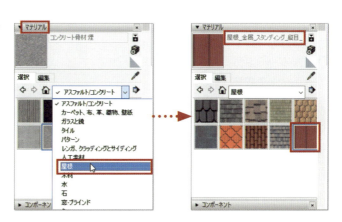

㉓ ペイントする屋根面を🖱する。

㉔ 「マテリアル」パレット右上端の✕（閉じるボタン）を🖱して閉じる。

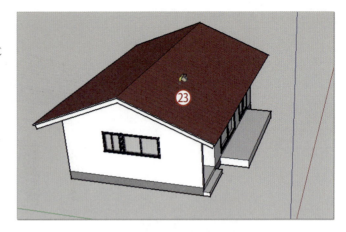

作図した屋根すべてをグループ化します。

㉕ 「選択」ツール🖱を🖱し、屋根面を🖱🖱🖱（トリプルクリック）し、屋根すべてを選択する。

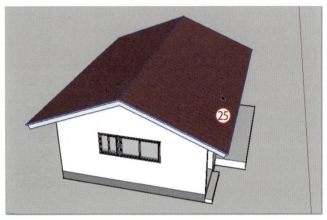

㉖ メニューバー「編集」→「グループを作成」を🖱する。

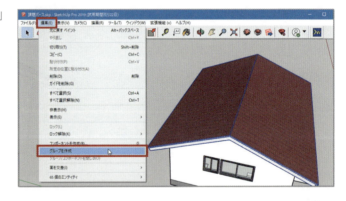

図のようにグループ化されます。

このskpファイルを付録CDの「練習用データ」フォルダ→「CH05」フォルダに「CH05-09-02.skp」として収録してあります。

 CH05-09-02.skp

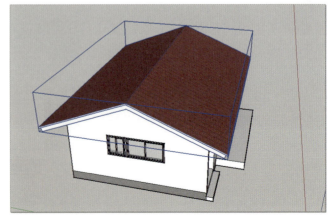

5.10 内壁の作図

インポートした配置図兼平面図を下絵にして内壁を作図します。操作説明は簡略化しています。

5.10.1 「内壁」レイヤの作成と内壁の作図

引き続き、skpファイル「課題パース.skp」(または「CH05-09-02.skp」)に作図します。内壁は、ここで新たに作成する「内壁」レイヤに作図します。

① 「レイヤ」パレットの「⊕」を🖱する。

② 新しいレイヤ(「レイヤ1」)が追加されるので、レイヤ名「レイヤ1」を「内壁」に変更する。

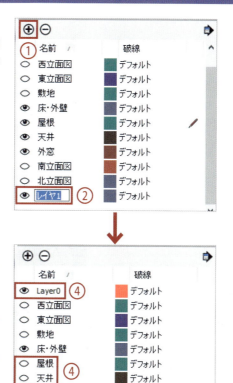

③ ②で作成した「内壁」レイヤの右端の空白部分を🖱して選択し(「✐」とする)、「内壁」レイヤを書込レイヤに設定する。

④ 「天井」と「屋根」レイヤの黒目「👁」を🖱して白目「○」に切り替えて建物の内部が見えるようにし、また、「Layer0」レイヤの白目「○」を🖱して黒目「👁」に切り替えてインポートした配置図兼平面図が表示されて内壁の位置がわかるようにする。

内壁の高さは天井の高さでもある2400mmとします。最初に、インポートした配置図兼平面図上に、開口部を除いた壁の面を作図します。内壁はたくさんあるので、以下に1カ所の操作概要を示します。ほかの内壁は同様にして作図してください。

⑤ 「線」ツール✐または「長方形」ツール▨を使って、開口部を除いた壁面の平面図形を作図する。

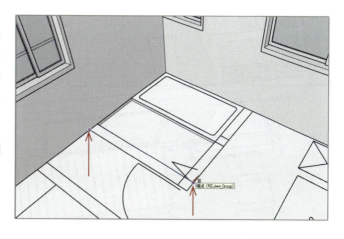

⑥「プッシュ/プル」ツール を使って、⑤で作成した壁面を上に引き出し、「2400」とキー入力してから「Enter」キーを押す。

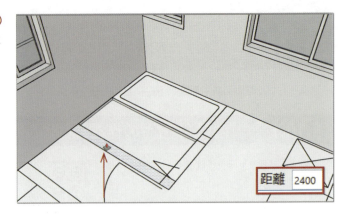

⑦ ⑤→⑥と同様の手順で、すべての内壁を作成する。ただし真壁も大壁扱いとし、引戸が納まる薄い壁は、下図のようにそのまま作図する。

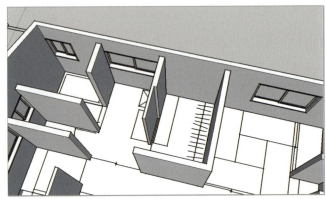

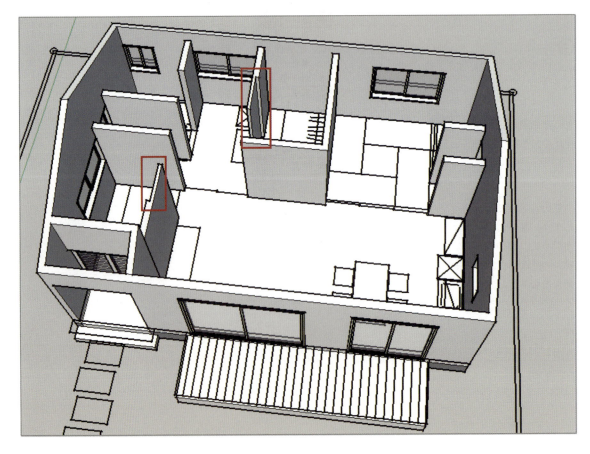

次に、開口部の高さを2000mmとし、高さ400mmの下り壁を作図します。

⑧ 「長方形」ツール■を使って、図の角を🖱する。

⑨ 「400 , 150」とキー入力してから、「Enter」キーを押す。

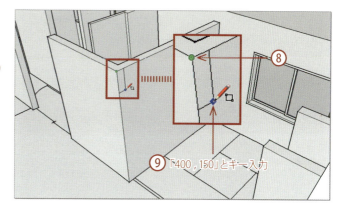

⑩ 「プッシュ/プル」ツール■を使って、⑨で作成した長方形を🖱で選択する。

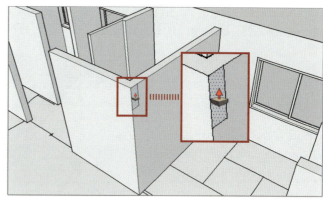

⑪ マウスポインタで手前に引き出し、「エッジ上」と表示された状態で🖱する。

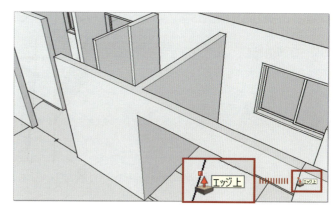

場所によって異なりますが、不要な線が表示された時は、そのたびに消去してください。以下は1例です。

⑫ 図のように、手前側面、上面、反対側に回り込んだ裏面、計3本の不要な線があるので、「消しゴム」ツール■を使って順次消去する。

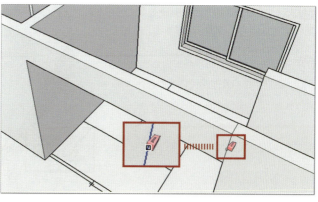

図は表側の結果です。

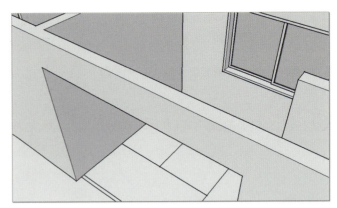

ほかの下り壁も作図します。引戸が取り付く薄い壁がある部分は、2つに分けて作図します。

⑬「長方形」ツール■を使って、図の角を🖱する。

⑭「400 , 75」とキー入力してから、「Enter」キーを押す。

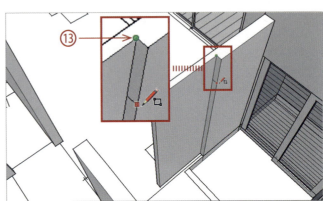

同様にして長方形を作図します。

⑮ 図の角を🖱し、「400 , 75」とキー入力してから、「Enter」キーを押す。

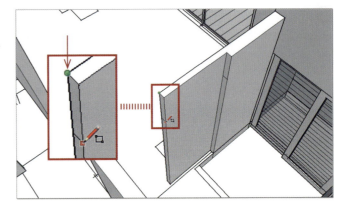

⑯「プッシュ/プル」ツール◆を使って、⑮で作成した長方形を🖱で選択する。

⑰ マウスポインタで手前に引き出し、「エッジ上」と表示された状態で🖱する。

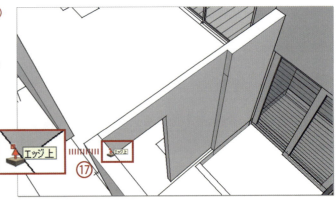

⑱ 同様に、⑭で作成した長方形を🖱で選択し、マウスポインタで手前に引き出し、「エッジ上」と表示された状態で🖱する。

⑲ 図のように、不要な線があるので、「消しゴム」ツール🧽を使って消去する。

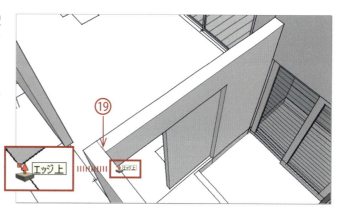

同様にして、ほかの下り壁も作図し、内壁すべてをグループ化します。

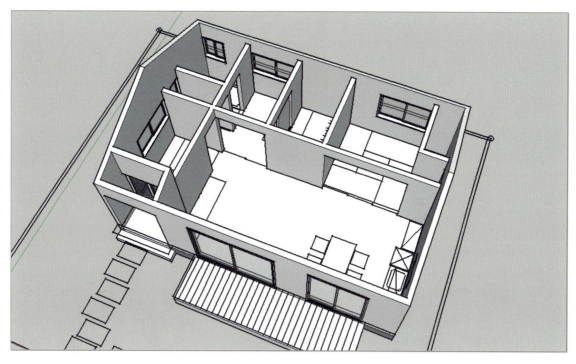

⑳ 「レイヤ」パレットで、「内壁」レイヤ以外のすべてのレイヤの黒目「👁」を🖱して、白目「○」に切り替える。

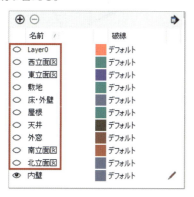

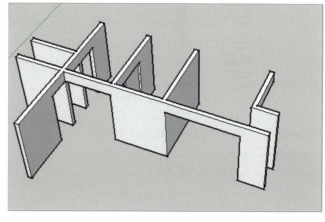

㉑「選択」ツール を し、内壁すべてを選択したら、メニューバー「編集」→「グループを作成」を する。

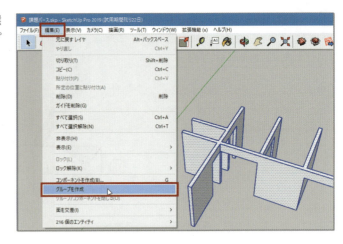

図のようにグループ化されます。

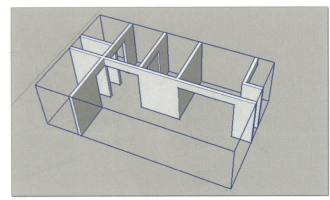

㉒「レイヤ」パレットで、「床・外壁」「外窓」レイヤの白目「○」を して、黒目「●」に切り替える。

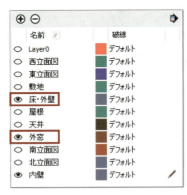

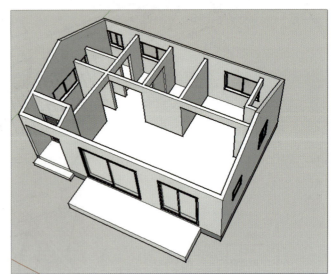

このskpファイルを付録CDの「練習用データ」フォルダ→「CH05」フォルダに「CH05-10-01.skp」として収録してあります。

5.11 内部建具の作図

付録CDに収録した「オリジナルコンポーネント」を使って、内部建具を作図（配置）します。

5.11.1 「内部建具」レイヤの作成と内部建具の作図（配置）

引き続き、skpファイル「課題パース.skp」（または「CH05-10-01.skp」）に作図します。内部建具は、ここで新たに作成する「内部建具」レイヤに作図します。

① 「レイヤ」パレットの「⊕」を🖱する。

② 新しいレイヤ（「レイヤ1」）が追加されるので、レイヤ名「レイヤ1」を「内部建具」に変更する。

③ ②で作成した「内部建具」レイヤの右端の空白部分を🖱して選択し（「✐」とする）、「内部建具」レイヤを書込レイヤに設定する。

④ 黒目「👁」・白目「〇」の設定は、図のようにする。

内部建具はあらかじめ作成しておいたコンポーネントを使います。コンポーネントは付録CDの「オリジナルコンポーネント」フォルダ→「建具」フォルダに収録してあります。建具名は次ページの内部建具キープランを参照してください。「W-1」から「W-7」まであります。

⑤ 「デフォルトのトレイ」→「コンポーネント」を🖱する。

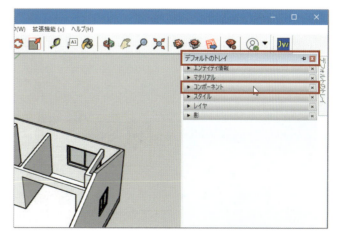

【内部建具作図用資料】

内部建具の作図（配置）は、以下の平面図の内部建具キープランを参考にしてください。

内部建具キープラン

⑥ 「コンポーネント」パレットが開くので、「W-1」を🖱する。

> **注意！** 「W-1」が表示されない場合は、p.190～191を参照してください。

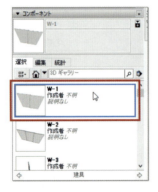

⑦ 描画領域にマウスポインタを移動すると建具が現れるので、上記の内部建具のキープランを参考に、建具が取り付く開口部の左下手前の端点を🖱し、「W-1」を作図（配置）する。

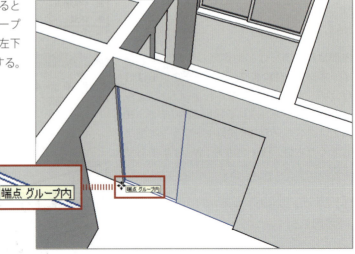

同様にして、ほかの内部建具「W-2」から「W-7」を作図（配置）し、「コンポーネント」パレットを閉じます。

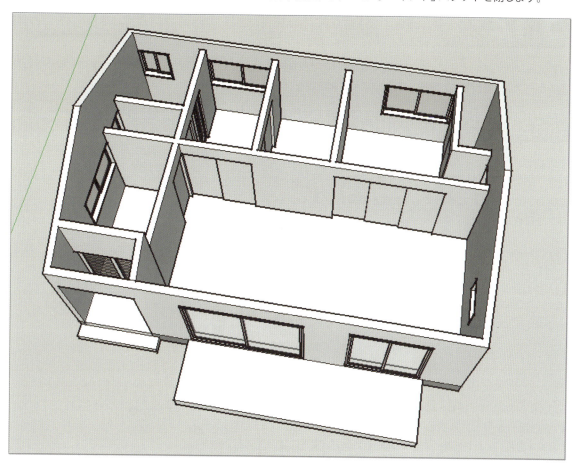

このskpファイルを付録CDの「練習用データ」フォルダ→「CH05」フォルダに「CH05-11-01.skp」として収録してあります。

CH05-11-01.skp

5.12 家具、電化製品、設備機器などの作図

付録CDに収録した「オリジナルコンポーネント」とインターネットサイト「3D Warehouse」からダウンロードしたコンポーネントを使って、家具、電化製品、設備機器などを作図（配置）します。

5.12.1 「家具・設備」レイヤの作成と家具などの作図（配置）

引き続き、skpファイル「課題パース.skp」（または「CH05-11-01.skp」）に作図します。家具などは、ここで新たに作成する「家具・設備」レイヤに作図します。

① 「レイヤ」パレットの「⊕」を🖱する。

② 新しいレイヤ（「レイヤ1」）が追加されるので、レイヤ名「レイヤ1」を「家具・設備」に変更する。

③ ②で作成した「家具・設備」レイヤの右端の空白部分を🖱して選択し（「✎」とする）、「家具・設備」レイヤを書込レイヤに設定する。

④ 黒目「👁」・白目「○」の設定は、図のようにする。

5.11節と同様に、「オリジナルコンポーネント」を使って家具・設備機器などを作図（配置）します。コンポーネントは付録CDの中の「オリジナルコンポーネント」フォルダ→「家具・設備」フォルダにあります。

⑤ 「デフォルトのトレイ」→「コンポーネント」を🖱する。

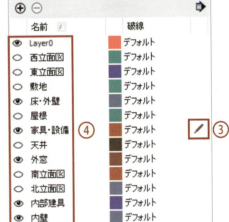
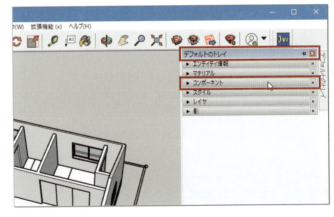

⑥ 開く「コンポーネント」パレットで、中段右にある⬛ボタンを🖱する。

⑦ 開くメニューから「ローカルコレクションを開く/作成...」を🖱する。

⑧ フォルダを参照するダイアログが開くので、付録CDの「オリジナルコンポーネント」フォルダ→「家具・設備」フォルダを🖱し、「フォルダーの選択」を🖱する。

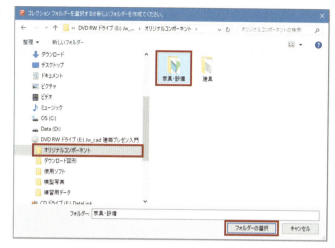

⑨ 開く「家具・設備」の「コンポーネント」パレットで、ここではまず「TV棚」を🖱する。

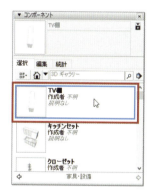

⑩ 図のように、TV棚が取り付く平面図の角を🖱し、「TV棚」を作図する。

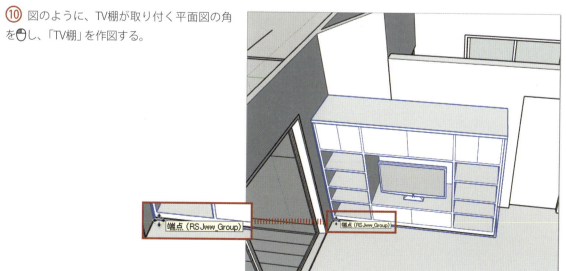

同様にして、以下のコンポーネントも図に示す位置に作図（配置）します。

⑪「キッチンセット」の作図（配置）。

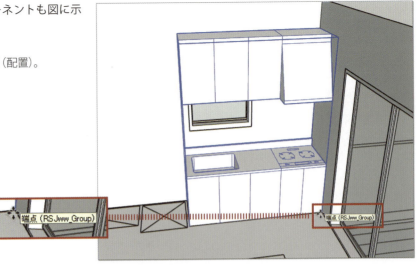

⑫「クローゼット」の作図（配置）。

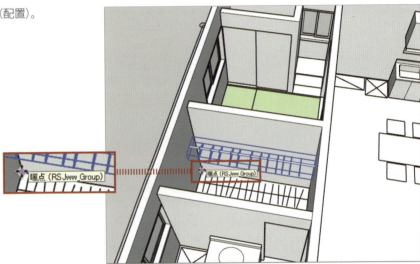

⑬「タンス」の作図（配置）。

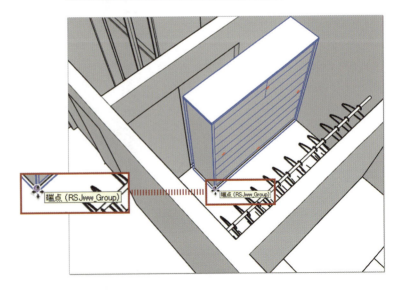

⑭「下駄箱」の作図（配置）。

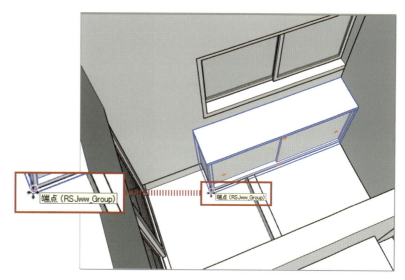

⑮「座机」の作図（配置）。

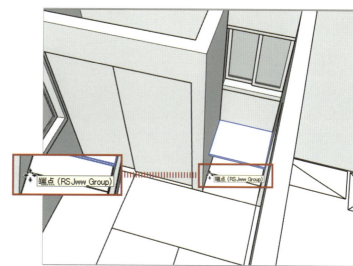

⑯「洗面台」の作図（配置）。

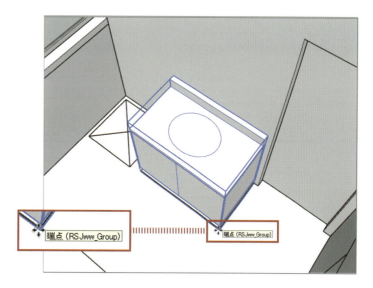

⑰「浴槽」の作図（配置）。

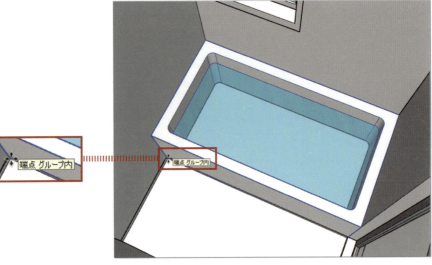

⑱「食器棚」の作図（配置）。

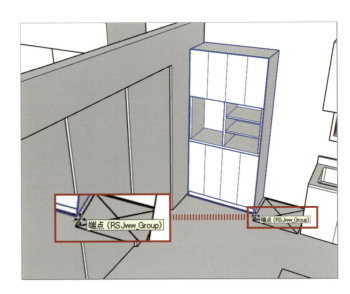

⑲「畳」の作図（配置）。

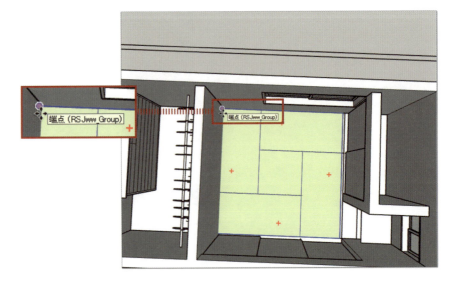

5.12.2　3D Warehouseからダウンロードしたコンポーネントを配置

家具類のコンポーネントは多種多様です。前項に引き続き、インターネットサイト「3D Warehouse」からダウンロードしたコンポーネントを利用して、「冷蔵庫」「洗濯機」「テーブル」「ソファー」「便器」を作図（配置）します。

① パソコンをインターネットに接続可能な状態にして、画面の右上にあるツールバーの「3D Warehouse...」ツール 🖱 を🖱する。

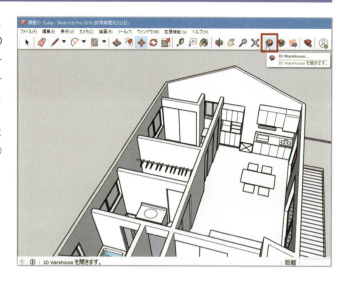

② 「3D Warehouse：利用規約および一般モデル使用許諾契約書」という画面が開くので、「ここをクリックすると、上記の条件に同意します」を🖱する。

最初に、「冷蔵庫」を作図（配置）します。

③ 「3DWarehouse」サイトが開くので、検索ボックスに「refrigerator panasonic」とキー入力し、「検索」を🖱する。

情報☞ 「3D Warehouse」は、全世界の人々が作成したコンポーネントを無料で共有して使えるように公開したサイトです。したがって、日本語の「冷蔵庫」より英語の「refrigerator」で検索した方が多数登録されている可能性があります。

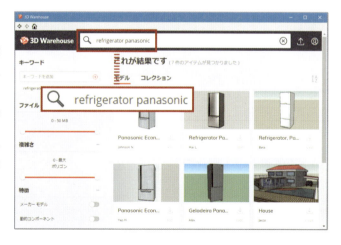

作図している建物の冷蔵庫を配置するスペースを考慮して、それに合ったコンポーネントを選択します。

④ ここでは、「Refrigerator,Panasonic,NRC25W1H,550x660x1720.skp」（図の指示を参照）を🖱する。

注意！ 「3D Warehouse」は常に更新されているので、上記の冷蔵庫が右図の場所に表示されるとは限りません。したがって、本書で選択したコンポーネントがうまく探せなかったり、存在しない可能性もあります。その場合は別のコンポーネントを選択してください。

⑤ 画面が切り替わるので、「ダウンロード」を🖱する。

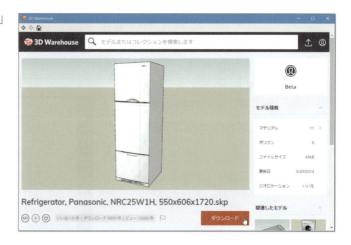

⑥ 「モデル内にロードしますか？」というダイアログが開くので、「はい」を🖱してダウンロードする。

予定している作図（配置）場所に冷蔵庫を直接置きたいところですが、向きが違うので、いったん近くに仮置きしたあと、向きを合わせてから移動します。

⑦ 配置予定場所の近くで🖱すると、冷蔵庫が表示される。

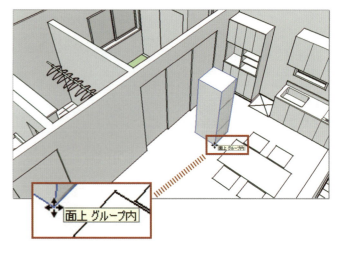

⑧ 「回転」ツール🔄を🖱し、マウスドラッグ操作で時計まわりに90°回転させる。

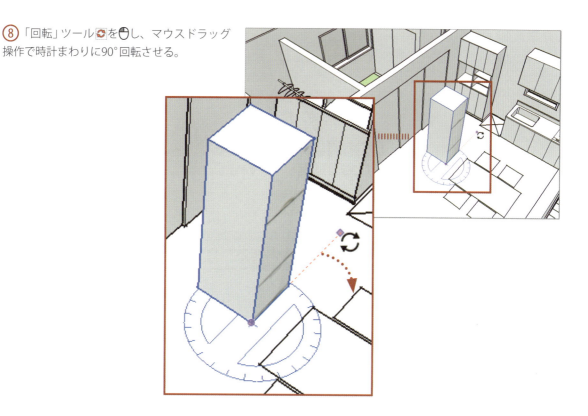

⑨ 「移動/コピー」ツール✣を🖱し、配置予定場所に作図（配置）する。この場合は、食器棚とキッチンセットの隙間の適当な位置でよい。

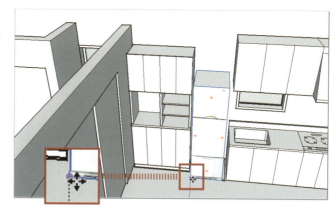

同様にして、「洗濯機」を作図（配置）します。

⑩ ①、③と同様にして「3D Warehouse」サイトを開き、「洗濯機」の英語「washing machine」で検索する。

⑪ このあと、④～⑥と同様にして、好みの洗濯機をダウンロードする。ここでは、図の「Washing Machine」を🖱する。

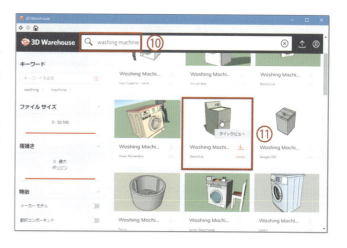

⑫ 配置予定場所の近くで🖱すると洗濯機が表示されるので、先の冷蔵庫の場合と同様に、必要に応じて回転や移動を行って配置予定位置に作図（配置）する。

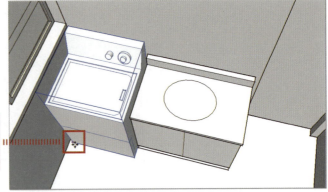

同様にして、「テーブル」を作図（配置）します。

⑬ 「3D Warehouse」サイトで、「ダイニングテーブル」の英語「dining table」、さらに4人掛けで絞り込み「dining table 4」で検索する。

⑭ 好みのテーブルをダウンロードする。

情報 ☞ コンポーネントによっては、検索した最初の画面に表示されない場合もあります。その場合は、画面の右端にあるスクロールバーを操作して、下の方を探してください。

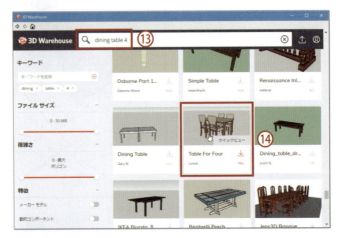

⑮ 図の位置および向きで作図（配置）する。

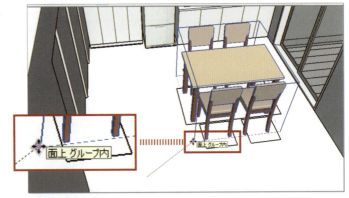

同様にして、「ソファー」を作図（配置）します。

⑯ 「3Dギャラリー」サイトで、「ソファー」の英語「sofa」で検索する。

⑰ 好みのソファをダウンロードする。

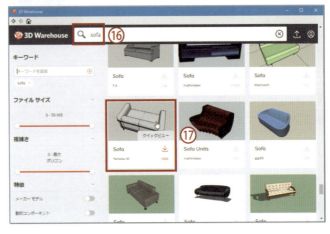

⑱ 図の位置および向きで作図（配置）する。

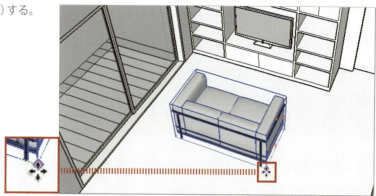

同様にして、「便器」を作図（配置）します。

⑲ 「3D Warehouse」サイトで、「便器」の英語「toilet」で検索する。

⑳ 好みの便器をダウンロードする。ここでは、ウォシュレット付きの便器を🖱する。

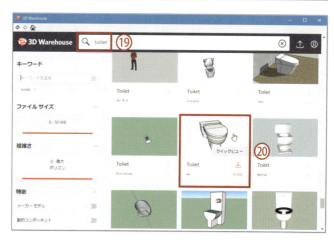

㉑ 図の位置および向きで作図（配置）する。

以上ですべてのコンポーネントを配置したことになります。

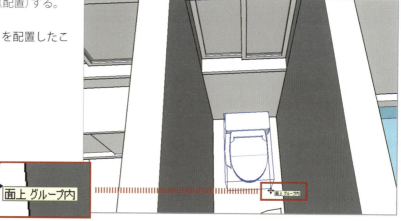

ここで「レイヤ」パレットを見ると、設定していない「Layer1」レイヤが確認できます。これは「3D Warehouse」からコンポーネントをインポートした際に自動的にできたものです。これらを、「家具・設備」レイヤに取り込む操作をします（なお、インポートした家具・設備によって、違う名称のレイヤーができたり、また、まったくできない場合もありますので注意）。

㉒「レイヤ」パレットで「Layer1」レイヤを🖱で選択する。

㉓「⊖」を🖱する。

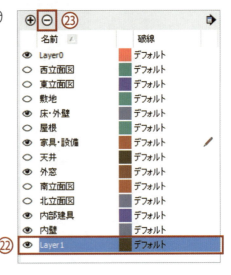

㉔「エンティティを含むレイヤを削除」ダイアログが開くので、「内容を現在のレイヤに移動する」を🖱して選択し（「⦿」とする）、「OK」を🖱する。

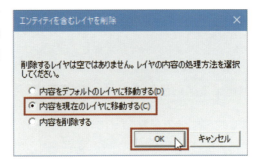

「Layer1」レイヤはなくなりますが、作図（配置）済みのテーブルが消去されることはありません。「家具・設備」レイヤに移動しています。

このskpファイルを付録CDの「練習用データ」フォルダ→「CH05」フォルダに「CH05-12-02.skp」として収録してあります。

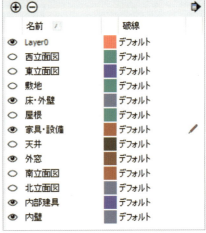

5.13 庭の添景などの作図

インターネットサイト「3D Warehouse」からダウンロードしたコンポーネントを使って、樹木、車、人などを作図（配置）します。

5.13.1 「添景」レイヤの作成と樹木などの作図（配置）

引き続き、skpファイル「課題パース.skp」（または「CH05-12-02.skp」）に作図します。樹木などは、ここで新たに作成する「添景」レイヤに作図します。

① 「レイヤ」パレットの「⊕」を🖱する。

② 新しいレイヤ（「レイヤ1」）が追加されるので、レイヤ名「レイヤ1」を「添景」に変更する。

③ ②で作成した「添景」レイヤの右端の空白部分を🖱して選択し（「✏」とする）、「添景」レイヤを書込レイヤに設定する。

④ 黒目「👁」・白目「○」の設定は、図のようにする。特に、「Layer0」レイヤの黒目「👁」を🖱して白目「○」に切り替えることを忘れないようにする。

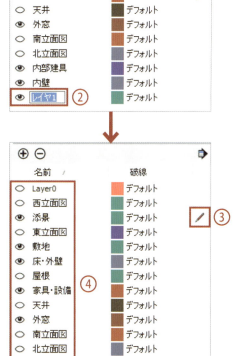

⑤ 「3D Warehouse...」ツール🖼を🖱する。

⑥「3D Warehouse」サイトで、検索ボックスに「樹木」の英語「tree」とキー入力し、「検索」を🖱️する。

> **注意！**「3D Warehouse」は常に更新されているので、このような樹木が右図の場所に表示されるとは限りません。したがって、本書で選択したコンポーネントがうまく探せなかったり、存在しない可能性もあります。その場合は別のコンポーネントを選択してください。

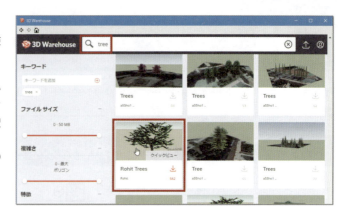

ここでは、図のような樹木を取り込みました。

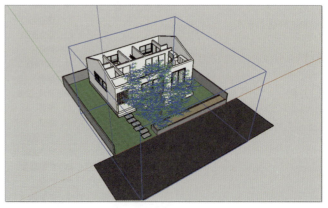

樹木によってはスケールが違う場合があります。ここでは縮小する方法を説明します。

⑦「尺度」ツールを🖱️する（下図のようにメニューバー「ツール」→「尺度」でも同じ）。

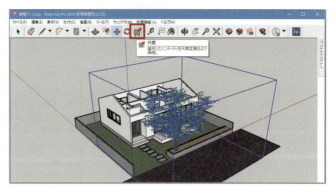

⑧ 図のように、樹木の外形を表す立方体のワイヤーフレームが表示されているので、立方体の頂点にマウスポインタを合わせ、「均等尺度 反対側の点を基準」と表示されるようにする。

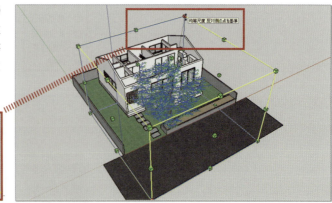

⑨ そのままドラッグしてマウスポインタを
ワイヤフレームの内部に移動すると、樹木が
縮小されるので、適当なスケールになったと
ころで🖱する。

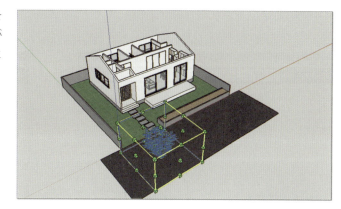

⑩ 「移動/コピー」ツール✥で樹木を選択し、
花壇の中に移動し、「面上 グループ内」の状態
で🖱する。

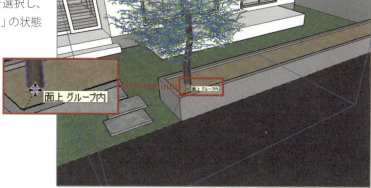

⑪ ここで「Ctrl」キーを押すと、マウスポイ
ンタに「+」が付加され「コピー」(複写)ツール
に切り替わる。樹木が「面上 グループ内」の状
態で、図のように花壇の右端までマウスポイ
ンタを移動し、赤色点線が表示されるのを確
認してから🖱して、平行複写する。

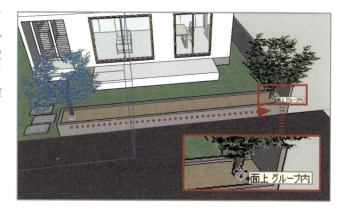

⑫ 同様にして、コピーした樹木をコピー元
に切り替えて次の樹木を図の位置付近に平行
複写し、これを繰り返して、花壇内に樹木を
複数配置する。

⑬ 残りは車と人なので、これまでと同様にして、「3D Warehouse」で「自動車」の英語「car」、「人」の英語「man」または「woman」で検索し、取り込む。

⑭ 「レイヤ」パレットで、「屋根」と「天井」レイヤいずれの白目「◯」も🖱️して、黒目「👁」に切り替える。

以上で、パースは完成です。
このskpファイルを付録CDの「練習用データ」フォルダ→「CH05」フォルダに「CH05-13-01.skp」として収録してあります。

CD ROM　CH05-13-01.skp

CHAPTER 6

Jw_cad図面での
プレゼン図面の完成

CHAPTER 5で作成したSketchUpの3次元パースをJPEG画像としてエクスポートし、その画像をJw_cad図面に貼り付け、ほかの図面や模型写真などと合わせてプレゼンテーション図面を完成させます。本書最後の作図です。

SketchUpで作成したパースを
Jw_cad図面に貼り付けて、
レイアウトを仕上げた完成例

6.1 SketchUpで作成したパースをJw_cad図面に貼り付け

CHAPTER 5でSketchUpで完成させたパースは、「オービット」ツール や「ズーム」ツール などで、3次元のいろいろな視点（角度）から見ることができます。ここでは、パースを複数の気に入った視点に設定したうちの何種類かをエクスポートし、JPEG画像として保存し、それをJw_cad図面に貼り付ける方法を説明します。

6.1.1 SketchUpで作成したパースのエクスポート

5.13節で完成させたパースを、「オービット」ツール や「ズーム」ツール などを駆使して視点（角度）を変え、いくつか気に入ったところでその画面をエクスポートし、それをJPEG画像として保存します。

① 5.13節で完成させた「課題パース.skp」、または付録CDの「練習用データ」フォルダ→「CH05」フォルダに収録した「CH05-13-01.skp」を開く。

 CH05-13-01.skp

② 「オービット」ツール や「ズーム」ツール などを駆使してパースを気に入った角度にする。

③ メニューバー「ファイル」→「エクスポート」→「2Dグラフィック (2)」を する。

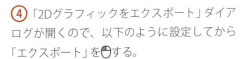

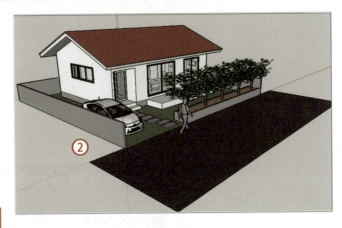

④ 「2Dグラフィックをエクスポート」ダイアログが開くので、以下のように設定してから「エクスポート」を する。

　「保存する場所」：デスクトップの
　　　　　　　　　「プレゼン図面」フォルダ
　「ファイル名」：「パース01」
　「ファイルの種類」：「JPEGイメージ…」

⑤ ②〜④の手順を繰り返し、視点の気に入った何種類かのパースをエクスポートする。

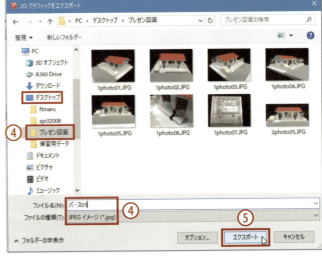

続いて、建物内部のパースをエクスポートします。内部のパースは、屋根と天井を取り去る（非表示にする）ことで鳥瞰します。

⑥ 「天井」と「屋根」レイヤいずれの黒目「👁」も🖱して、白目「○」に切り替える。ほかのレイヤは図のように設定する。なお、「添景」レイヤが書込レイヤになっていることは問題ないので、このままでよい。

⑦ 再び②〜④の手順を繰り返し、視点の気に入った何種類かのパースをエクスポートする。

6.1.2　SketchUpからエクスポートしたパースをJw_cad図面に貼り付け

前項でSketchUpからエクスポートしたパースの画像はJPEG形式の画像ファイルとして保存しました。JPEG形式は、CHAPTER 3で製作した建築模型のデジカメ写真画像と同じです。したがって、パースの画像も同じ手順でJw_cad図面に貼り付けられます（⇒p.87）。

① p.105でデスクトップの「プレゼン図面」フォルダに保存した「CH04-02.jww」を🖱🖱して開く。

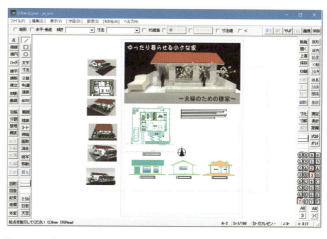

CD-ROM　CH04-02.jww　※フォルダに注意

② p.88を参照して、前項でエクスポートしたパースの画像「パース01.jpg」をJw_cad図面「CH04-02.jww」に貼り付ける。

③ ほかのパースの画像も仮に貼り付ける。

注意！ ①でJw_cad図面がない場合は、付録CDの「練習用データ」フォルダ→「CH06」フォルダ→「プレゼン図面6-1」フォルダを、フォルダごとデスクトップにコピー&貼り付けし、フォルダ内の「CH04-02.jww」を開いてください。

6.2 プレゼン図面の完成と印刷

6.1節で開いたJw_cad図面「CH04-02.jww」は用紙サイズをA2サイズ縦に設定してあります（⇒p.88）。ここでは、6.1節で貼り付けたパース画像と、本書でこれまでに作成してきたタイトル文字、設計主旨テキスト、図面、建築模型写真の画像をレイアウトして、わかりやすく、見やすく、そして人目を引くプレゼン図面に仕上げます。本節をもって、本書の課題でありモチーフであるJw_cadによるプレゼン図面は完成となります。完成後は、このプレゼン図面を印刷する方法を説明します。

6.2.1 各種要素をレイアウトして、プレゼン図面を完成

SketchUpのパースと、作成済みのタイトル文字、設計主旨テキスト、図面、建築模型写真の画像を自由にレイアウトします。ここでは1例を示します。

① 6.1節でプレゼン図面用の材料はすべて揃ったとして、それらを「図形移動」コマンドや「画像編集」コマンドなどを使って、A2サイズ縦置きの枠の中で自由にレイアウトし、仕上げる（図は1例）。

この図面ファイルを付録CDの「練習用データ」フォルダ→「CH06」フォルダ→「プレゼン図面6-2」フォルダに「CH04-02.jww」として収録してあります。

CD-ROM　CH04-02.jww　※フォルダに注意

6.2.2 プレゼン図面の印刷

建築図面は、基本的に白色の紙に黒色の線で印刷しますが、本書のプレゼン図面では、タイトル文字「ゆったり暮らせる小さな家」の文字色を白色（黒色地）に設定したので、カラー印刷をする必要があります。そこで、図面の線の色は黒色に保ちながらカラー印刷の設定をしなければなりません。また、レイアウト（用紙）がA2サイズなので、大判印刷が可能なプリンタやプロッタが必要になります。それらの環境が用意できない場合は、図面自体はそのままで、A3やA4サイズに縮小印刷します。

① 印刷するプレゼン図面をJw_cadで開いたら、メニューバー「設定」→「基本設定」を🖱する（⇒p.17）。

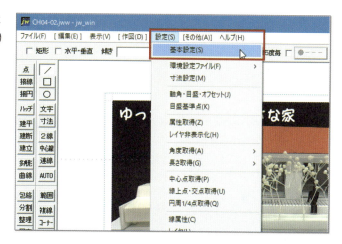

② 「jw_win」ダイアログが開くので、「色・画面」タブを🖱して画面を切り替える。

③ 「プリンタ出力 要素」欄で、「線色1」から「線色3」を「黒色」にする（黒色にするには「赤」「緑」「青」ボックスをすべて「0」とする）。

④ タイトル文字「ゆったり暮らせる小さな家」に使用している「線色6」が「白色」（白色にするには「赤」「緑」「青」ボックスをすべて「255」とする）になっていることを確認する。

情報 ☞ Jw_cadでの各線色の設定は、上記の線色ボタンを🖱して開く「色の設定」ダイアログで行いますが（⇒p.35、102）、p.102で説明したように、黒色または白色の場合はそれぞれ最小彩度、最大彩度なので、「赤」「緑」「青」ボックスにその数値（0または255）を直接入力する方法もあります。

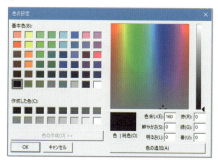

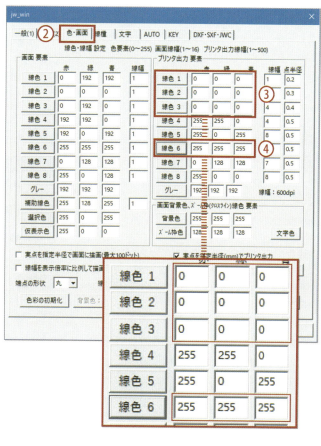

ここでは、完成したA2サイズのプレゼン図面をA4サイズに縮小して印刷します。

⑤ ツールバー「印刷」を🖱する。

⑥ 「印刷」ダイアログが開くので、「プリンター名」ボックスから印刷するプリンタを選択し、その右の「プロパティ」を🖱する。

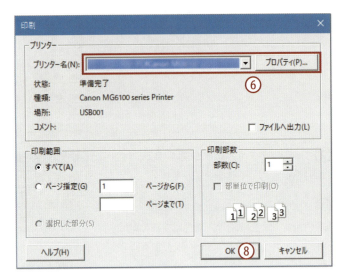

⑦ プリンタ機種ごとのプロパティダイアログが開くので、用紙サイズ、印刷方向（縦、横）など、必要な項目を適宜設定（ここでは、用紙サイズA4、縦方向）する。

注意！ プリンタのプロパティは、プリンタやプロッタの機種によってさまざまなので、詳細な説明は割愛します。要は、用紙サイズと印刷方向（用紙の向き）が設定できればOKです。

⑧ 「印刷」ダイアログに戻るので（1つ上の図）、「OK」を🖱する。

作図ウィンドウに戻り、A2サイズの図面をA4用紙で印刷するので、印刷枠が小さく表示されます。そこで倍率を変更します。

⑨ コントロールバー「カラー印刷」ボックスにチェックを付けると、タイトル文字「ゆったり暮らせる小さな家」が白色に変わる。「100%（A4→A4、A3→A3）」右の「▼」を🖱し、「50%（A2→A4、A1→A3）」を選択する。

⑩ コントロールバー「印刷」を🖱する。

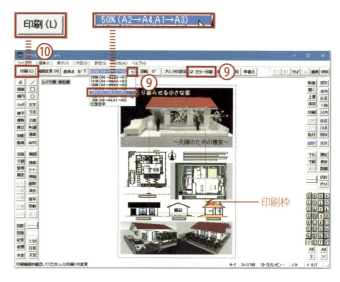

以上で、印刷が実行されます。ただし、印刷枠がプレゼン図面からずれている場合は⑪〜⑫の手順で印刷範囲を変更してから、印刷を実行します。

⑪ コントロールバー「範囲変更」を🖱する。

⑫ 赤色線の印刷枠をマウスドラッグで移動して調整し、コントロールバー「印刷」を🖱する。

> **注意！** 印刷枠の大きさが印刷したい図面範囲と大きく異なる場合は、用紙設定の誤りです。手順⑥に戻るか、手順⑩の前にコントロールバー「プリンタの設定」を🖱して開く「プリンタの設定」ダイアログで設定を調整してください。

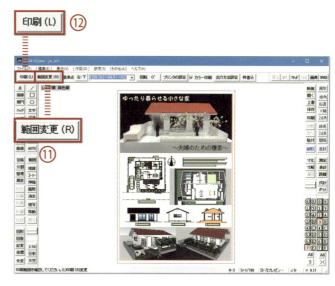

6.3 Jw_cad図面をPDFファイルに変換

6.2節までで、本書のテーマであるプレゼン図面が完成し、印刷もできました。本書の最後にJw_cad図面をPDFファイルに変換する方法を紹介します。Jw_cadで作成したプレゼン図面を人に渡した時、相手方のパソコンにJw_cadがインストールされていなければ開けませんが、現在、ほとんどのパソコン（Windows、Macでも）で開けるPDF形式に変換することで、図面を見ることだけならば可能になります。Jw_cad図面をPDFファイルに変換する効率的な方法の1つは、フリーウェア「CubePDF」（「キューブPDF」と呼ぶ）を利用することです。

▼ CubePDFについて

正式名称、本書執筆時点でのバージョン	CubePDF 1.0.0RC18
開発元	Cube Soft
価　格	無料のフリーソフト
ファイルの入手先	Cube Soft　https://www.cube-soft.jp/cubepdf/　付録CDに収録
ファイル名	cubepdf-1.0.0rc18-x64.exe

6.3.1　PDF変換ソフト「CubePDF」のインストール

付録CDに収録されている「CubePDF」をインストールする方法を説明します。

① 付録CDを開き、「使用ソフト」フォルダにある「cubepdf-1.0.0rc18-x64.exe」を🖱🖱する。

② 「セットアップ」ダイアログが開く場合は（パソコン環境によっては開かない）、「はい」を🖱する。

③ 「CubePDF1.0.0RC18 (x64) セットアップ」ダイアログが開くので、「同意する」をチェックして◉にしてから「次へ」を🖱する。

④ 画面が切り替わるので、書かれている内容を読み、確認してから、「次へ」を🖱する。

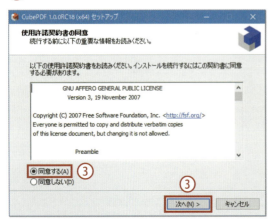

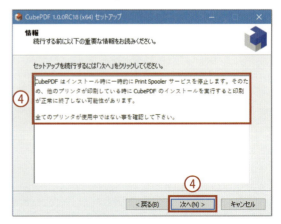

⑤「インストール先の指定」の画面に切り替わるので、そのままで「次へ」を🖱する。

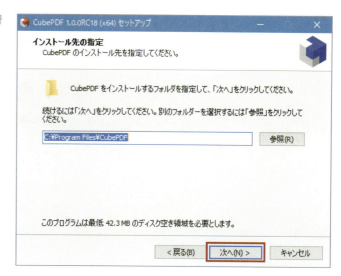

⑥「プログラムグループの指定」の画面に切り替わるので、そのままで「次へ」を🖱する。

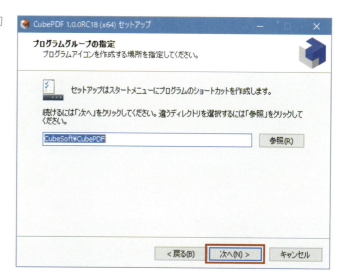

⑦「キューブサーチの設定」の画面に切り替わるので、「なにもしない」にチェックを付け、「検索ボックス、お気に入りの設定」欄のチェックを両方とも外し、「次へ」を🖱する。

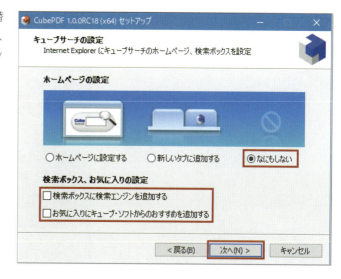

⑧「ソフトウェア使用許諾契約書」を読み、「利用許諾に同意してインストールする」にチェックを付け、「次へ」を🖱する。

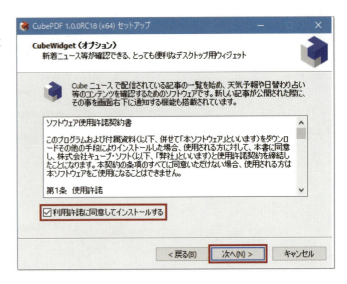

⑨「インストール準備完了」の画面に切り替わるので、「インストール」を🖱する。

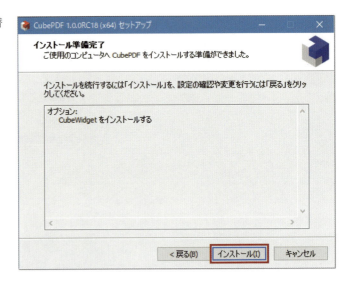

⑩「CubePDFセットアップウィザードの完了」の画面に切り替わるので、「完了」を🖱する。

6.3.2 　CubePDFによるJw_cad図面のPDF変換

前項でインストールしたCubePDFを利用して、Jw_cad図面をPDFファイルに変換する方法を説明します。Jw_cadの「印刷」コマンドのプリンタ出力機能を利用する仕掛けです。

① Jw_cadを起動し、本書で完成させたプレゼン図面などを開き、ツールバー「印刷」を🖱する。

② 「印刷」ダイアログが開くので、「プリンター名」ボックスから、図のように「CubePDF」を選択し(インストールしてあればリストに表示される)、その右の「プロパティ」を🖱する。

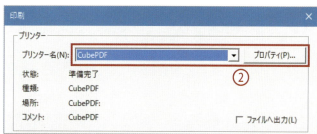

③ 「CubePDFのドキュメントのプロパティ」ダイアログが開くので、「詳細設定」を🖱する。

④ 「CubePDF 詳細オプション」ダイアログが開くので、「用紙サイズ」が「A4」であることを確認してから、「OK」を🖱する。

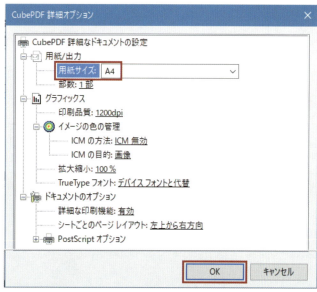

⑤ 「CubePDFのドキュメントのプロパティ」ダイアログが開くので、「レイアウト」タブを🖱して画面を切り替え（すでに表示されていればこの操作は不要）、「印刷の向き」が「縦」になっていることを確認し、「OK」を🖱する。

⑥ 「印刷」ダイアログに戻るので、設定内容を確認して、「OK」を🖱する。

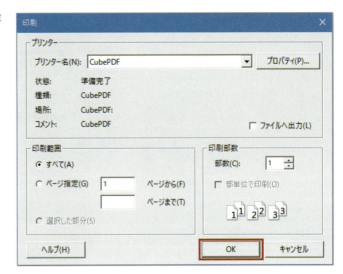

⑦ 作図ウィンドウに戻るので、コントロールバーの倍率指定ボックスで「50%（A2→A4, A1→A3）」を選択する。

⑧ コントロールバー「範囲変更」を🖱し、マウスドラッグで印刷枠に図面が納まるように調整する。

⑨ コントロールバー「印刷」を🖱する。

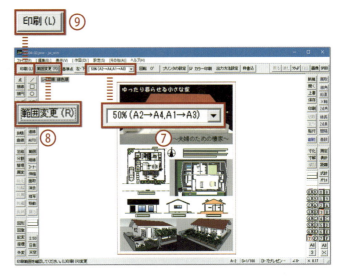

⑩ CubePDF出力のダイアログが開くので、「出力ファイル」（ファイルの保存先）を指定する（ここではデスクトップ）。出力先を変更する場合は「…」を🖱して変更する。

⑪ 「変換」を🖱する。

⑫ デスクトップ上にPDFファイルに変換されたJw_cad図面（ここでは「CH04-02.pdf」）が保存されたことを確認したら、適当なツールバーのボタン（「／」など）を🖱して、印刷モードを終わらせる。

⑬ デスクトップの「CH04-02.pdf」を🖱🖱する。

このpdfファイルを付録CDの「練習用データ」フォルダ→「CH06」フォルダに「CH06-03.pdf」として収録してあります。

CD ROM　CH06-03.pdf

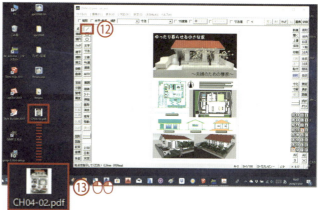

図のような文字、図面、画像が一体化したPDFファイル形式のプレゼン図面が開きます。PDFファイルは、異機種パソコンの互換性やネットの公開性などに優れたファイル形式なので、必要に応じて、印刷したり、プロジェクタで投影したり、仲間どうしで受け渡しするなどして活用してください。

以上ですべての説明は終了です。わからないところはそのままにせず、付録CDに収録した練習用データなどを活用していただき、問題を解決してください。また、姉妹書「高校生から始めるJw_cad建築製図入門［Jw_cad8対応版］」と合わせて学習することで、Jw_cadの上達はさらに深まることになると思います。

最後になりますが、今回使用したJw_cad、SketchUp、GIMPなどには、そのソフトがもつそれぞれの特性（くせ）があり、それがわかるようになることが上達の秘訣です。そのためには、繰り返し練習して慣れる以外に方法はありません。頑張ってください。

INDEX

[記号・数字・アルファベット]

- ／コマンド — 66
- ○コマンド — 35
- 2数字の区切り — 146
- 3D Warehouseツール — 215、221
- A－A断面図 — 31、135
- CubePDF — 232
- GIMP — 25
- Gradation_Solid — 44
- idfont — 96
- JPEG — 79、86、88、226
- Jw_cad — 12
- jw_winダイアログ — 17
- jwk — 50、52
- jws — 52
- PDFファイル — 232
- RSJwwツールバー — 112
- RSJwwプラグイン — 110、136、158
- SketchUp — 19、115
- Susieプラグイン — 86
- windows_kaiプラグイン — 110、113、189
- X軸 — 115、119
- Y軸 — 115、119
- Z軸 — 115

[ア行]

- 青い軸上 — 131
- 青色線（高さを示すZ軸） — 115
- 赤色線（平面上のX軸） — 115、119
- 移動/コピーツール — 116、126
- 移動コマンド — 62
- イメージウィンドウ — 27、28
- 色の設定ダイアログ — 33
- 印刷 — 73、229
- インストラクタパレット — 24
- インポート — 136、158
- 上書き保存 — 135
- エクスポート — 82、136、158、226
- エッジ — 120、124
- 円（円弧）コマンド — 35
- 円ツール — 116、125
- 円・連続線指示 — 35
- 黄金分割 — 123
- オービットツール — 116
- 押し込み — 116
- オリジナルコンポーネント — 207、210

[カ行]

- 回転ツール — 116、129
- ガイドライン — 116、192
- 外部変形 — 44、110、136、158
- 書込み文字種変更 — 99
- 書込レイヤ — 15、31、140
- 画像 — 88
- 画像編集コマンド — 88
- 画面移動 — 18、32
- 画面拡大・縮小 — 18、32
- 画面構成 — 15
- 画面ズーム機能 — 32
- 仮線 — 119
- 仮点表示 — 17
- 貫通 — 116、125
- キープラン — 189、208
- 基設ボタン — 17
- 起動 — 14、15、22、27
- 基本ウィンドウ — 27
- 基本設定（コマンド、ダイアログ） — 17、18
- 曲線属性化 — 33
- 切り抜き — 83
- グラデーション — 44
- グリッド — 38
- グループ化 — 150
- 消しゴムツール — 116、118
- 建築図面表記　ミリメートル — 136
- 原点 — 115
- コーナーコマンド — 62
- コマンド — 15、16
- コンテキストメニュー — 118
- コントロールバー — 15
- コンポーネント — 210、215

[サ行]

- 作図ウィンドウ — 15
- 作図属性 — 53
- 三角形 — 119
- 三角柱・四角柱 — 124
- シーンパレット — 24
- 実点を指定半径（mm）でプリンタ出力 — 18
- 尺度ツール — 116、222
- 写真画像 — 79、81、227
- 終了 — 15、18、24、28
- 縮尺 — 15
- 樹木図形45 — 54、56
- 消去 — 59、116、120
- ショートカット（アイコン） — 14、15、22、27
- 除外範囲 — 61
- 人物スケールモデル — 115、118
- 数値入力ボックス — 115、123
- ズームツール — 116、117
- 図形移動コマンド — 62

図形コマンド	52
図形データ	50
図形複写コマンド	61
スタイルパレット	139
ステータスバー	15、115
図面全体表示	32、34
図面ファイル名	15、31
図面ファイルを開く	30
寸法	123
線コマンド	66
線種・線色	32
線属性（ダイアログ、バー）	15、32
全体表示	32、34
全体表示ツール	116
選択ツール	116、118
線ツール	116、119
線の太さ	32
属性変更	43
測定	70、116
素材	116
ソリッド	30、32

[タ行]

ダイアログボックス	27、28
タイトルバー	15、115
端点	120、124
端点（RSJww_Group）	140
断面図	38
着色	34、44
中点	124
長方形	116、122
ツールバー	15、16、115
ツールボックス	27、28
手描き風の線	41
デフォルトのトレイ	138
テンプレート	24
閉じるボタン	15、115
トリプルクリック	10、128
トリミング	83

[ナ行]

名前を付けて保存	139
任意色	33
任意点	34

[ハ行]

パース用図面	135
配置図兼平面図	31、59、135
範囲選択コマンド	42
パン表示ツール	116、117
引き出し	116

描画領域	115、116
描画領域の全体表示	117
描画領域の表示の拡大・縮小	117
描画領域の表示を回転	116
描画領域の表示を二次元的に移動	117
ヒント表示	115
フォント	96
複写コマンド	61
複線コマンド	61
プッシュ/プルツール	116、123、142
フリーフォント	96
プルダウンメニュー	15、115
平面図	32
ペイントツール	116、147
編集可能レイヤ	31
補助線種・補助線色	35
ホワイトバランス	81

[マ行]

マウスホイール	18、32、116
マテリアル	116、147
緑色線（平面上のY軸）	115、119
緑の軸上	119
メジャーツール	116、192
メニュー	15、16
メニューバー	15、16、24、115
メモ帳	106
面	120、121
面上	124
面の柱状立体化	123、142
面の引き出し・押し込み・貫通	116
文字コマンド	99
文字入力ボックス	100
元に戻すツール	118

[ヤ行]

屋根勾配	70
屋根伏図	31、70、135
やり直しツール	118
用紙サイズ	15
用紙枠	15、17
寄棟屋根	72
読取点	17、34

[ラ行]

ランダム線	41
立面図	31、46、135
両ドラッグ	10、32、34
レイヤグループ・レイヤグループバー	15、31
レイヤパレット	140
レイヤ・レイヤバー	15、31

◆ 著者紹介

櫻井 良明（さくらい よしあき）
一級建築士、一級建築施工管理技士、一級土木施工管理技士。
1963年、大阪府生まれ。1986年、福井大学工学部建設工学科卒業。
設計事務所、ゼネコン勤務、山梨県立甲府工業高等学校建築科教諭などを経て、現在、日本工学院八王子専門学校。テクノロジーカレッジ建築学科・建築設計科教員。長年にわたりJw_cadによる建築製図指導を続けていて、全国のさまざまな建築設計コンペなどで指導した生徒を多数入選に導いている。

◆ 著書

『高校生から始めるJw_cad建築製図入門[Jw_cad8対応版]』（エクスナレッジ）
『高校生から始めるJw_cad製図超入門[Jw_cad8対応版]』（エクスナレッジ）
『Jw_cadで学ぶ建築製図の基本[Jw_cad8対応版]』（エクスナレッジ）
『高校生から始めるJw_cad土木製図入門』（エクスナレッジ）
『これで完璧!! Jw_cad基本作図ドリル』（エクスナレッジ）
『この1冊で全部わかる木造住宅製図秘伝のテクニック』（エクスナレッジ）
『高校生から始めるSketchUp木造軸組入門』（エクスナレッジ）
『高校生から始めるJw_cad建築詳細図入門』（エクスナレッジ）
『Jw_cad建築施工図入門』（エクスナレッジ）
『高校生から始めるJw_cad建築製図入門[RC造編]』（エクスナレッジ）
『高校生から始めるJw_cad建築構造図入門』（エクスナレッジ）
『建築製図 基本の基本』（学芸出版社）
『図解 建築小事典』（共著、オーム社）
『新版 建築実習1』（共著、実教出版）
『二級建築士120講 問題と説明』（共著、学芸出版社）
『直前突破 二級建築士』（共著、学芸出版社）

ホームページ：「建築学習資料館」　http://ags.gozaru.jp/
ブログ　　　：「建築のウンチク話」　http://agsgozaru.jugem.jp/

高校生から始める
Jw_cad建築プレゼン入門 ［Jw_cad8対応版］

2019年4月16日 初版第1刷発行

著　者　　　櫻井 良明

発行者　　　澤井 聖一

発行所　　　株式会社エクスナレッジ
　　　　　　〒106-0032
　　　　　　東京都港区六本木7-2-26
　　　　　　http://www.xknowledge.co.jp/

編集 Fax 03-3403-0582 ／ info@xknowledge.co.jp
販売 Fax 03-3403-1829

無断転載の禁止
本誌掲載記事（本文、図表、イラストなど）を当社および著作権者の承諾なしに無断で転載（翻訳、複写、データベースへの入力、インターネットでの掲載など）することを禁じます。

© Yoshiaki Sakurai 2019